Debbie Brown

50 tolle Trendtorten

Originelle Ideen · genaue Anleitungen

Weltbild

Inhalt

Vorwort

Jedes Kind hat seine eigenen Vorlieben und Abneigungen. Manche sind begeistert von Dinosauriern und Drachen, andere gehen nirgendwo hin ohne ihren Lieblingsteddy im Schlepptau. Selbst Kleinkinder haben ihr bevorzugtes Spielzeug, z. B. Schiffe, Autos oder Traktoren. Ich habe selbst drei Kinder, und die Familie, aus der ich stamme, hatte noch mehr. Daher weiß ich, was Kindern gefällt.

Kleine Jungs werden sich über die »Burgwächter«-Torte freuen (S. 70). Mädchen im Teenager-Alter dagegen werden am »Kaufrausch« (S. 42) ihre Freude haben.

In diesem Buch habe ich eine Reihe von Torten zusammengestellt, die nicht allzu schwer herzustellen sind und für die man nur ein Minimum an Konditorwerkzeugen benötigt. Allerdings muss ganz klar gesagt werden, dass eine Trendtorte größere Ansprüche an Ihre küchentechnischen Fertigkeiten stellt als ein einfacher Napfkuchen. Der Umgang mit Lebensmittelfarben und Fondants ist nicht schwierig, erfordert jedoch einige Übung. Außerdem gestaltet sich der Einkauf der nötigen Zutaten mitunter etwas mühsam. Denn wer professionelle Ergebnisse wünscht, muss auch einkaufen wie ein Profi. Zwar gibt es Fondant und die gängigsten Lebensmittelfarben auch im Supermarkt, aber wer das Besondere sucht, muss den Fachhandel konsultieren. Zum Glück gibt es Internetshops, in denen praktisch alles zu bekommen ist, was wir für unsere Trendtorten brauchen. Beachten Sie bitte die entsprechenden Hinweise auf Seite 111.

Wohl die schönsten Momente in meinem Bäckerleben sind die, in denen ich ein Kind sehe, das beim Anblick seiner eigenen Geburtstagstorte vor Staunen und Aufregung leuchtende Augen bekommt. Jede Minute, die man mit der Zubereitung zugebracht hat, ist es wert.

Alle Kinder haben Spaß im Garten: »Beim Zelten« (S. 54)

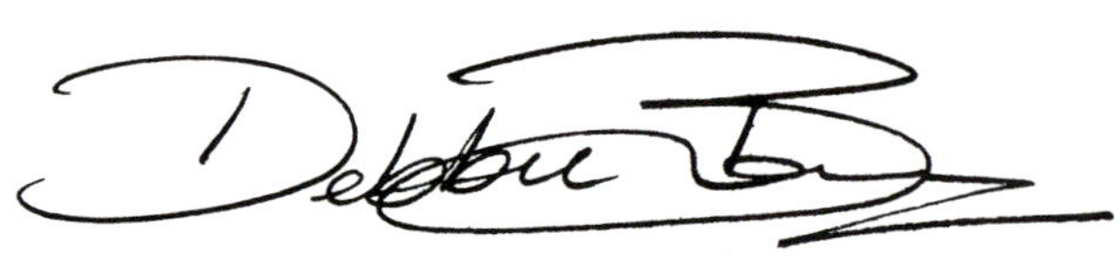

Was Sie brauchen

Für die in diesem Buch beschriebenen Torten benötigt man nur wenige zusätzliche Küchengeräte. Die wichtigsten Werkzeuge sind ein Ausrollstab und ein scharfes Küchenmesser. Ein mit Puderzucker gefüllter Zuckerstreuer ist ebenso empfehlenswert wie Cocktailspieße bzw. Zahnstocher, die gut dafür geeignet sind, kleine Details einzuritzen, und sehr praktisch, um Lebensmittelfarbe auf die Fondantmasse aufzutragen. Man sollte auch einen feinen Pinsel, einen Modellierstab und ein dünnes Rollholz zur Hand haben. Ein Set von Modellierwerkzeugen lohnt sich nur, wenn Sie sehr oft üppig verzierte Torten zubereiten. Eine glatte, abwaschbare Küchenarbeitsfläche ist am besten, für wenig Geld kann man aber auch nicht haftende Arbeitsbretter in verschiedenen Größen kaufen. Einige der Werkzeuge, die ich für die Rezepte in diesem Buch verwendet habe, werden unten beschrieben. Man kann sie im Fachhandel für Konditoreibedarf kaufen, mitunter auch im Internet-Versandhandel, und sie werden eine sinnvolle Erweiterung Ihrer Küchenausstattung darstellen.

GLÄTTER

Der Glätter dient zur Herstellung einer gleichmäßigen, glatten Oberfläche. Es gibt verschiedene Ausführungen, aber am besten sind diejenigen mit Griff. Führen Sie den Glätter in kreisenden Bewegungen über die Zuckerglasur bzw. den Fondant, um Unebenheiten zu beseitigen und unregelmäßige Flächen zu glätten (erhältlich z. B. bei *www.tortissimo.de*).

MARZIPANKNEIFER

Damit können Sie Glasuren ganz einfach mit Strukturen und Mustern versehen. Mit dem Ende des Kneifers zupfen Sie Spitzen in den Fondant. Um mit den Zacken des Kneifers senkrechte Linien zu ziehen, müssen Sie ihn waagerecht halten. Probieren Sie dies zuerst an einem Stück Fondant aus. Kneifer erhalten Sie im Fachhandel für Konditoreibedarf (z. B. *www.kurtsiegfried.de* oder *Kopyform.de*).

AUSSTECHFORMEN

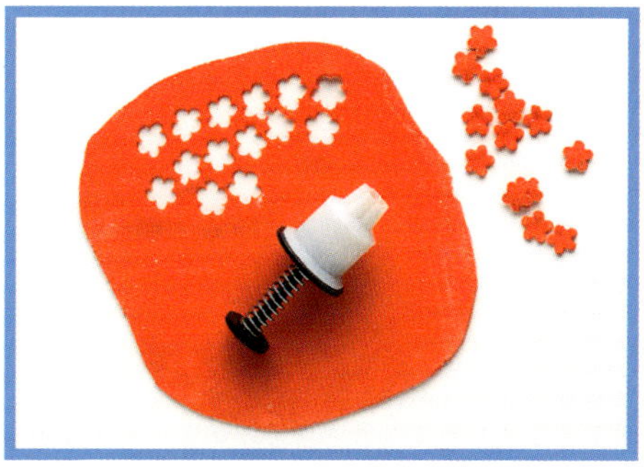

Ausstechformen gibt es in vielen Variationen. Mit der hier gezeigten kann man kleine Blüten herstellen. Rollen Sie Rollfondant recht dünn aus, achten Sie darauf, dass er nicht auf der Arbeitsfläche festklebt. Drücken Sie die Form in den Fondant, und ziehen Sie sie wieder heraus. Streichen Sie mit dem Finger Reste von der Unterseite der Form, damit Sie saubere Resultate erhalten.

Grundrezepte

RÜHRTEIG

Das Erfolgsgeheimnis beim Verzieren von Torten ist ein fester und feuchter Boden, den man schneiden und in Form bringen kann, ohne dass er krümelt. Rührteig ist dafür gut geeignet. Außerdem lässt er sich gut aromatisieren. Die erforderlichen Mengenangaben und Backformen finden Sie auf den Seiten 8/9.

1 Ofen auf 160 °C (Gas Stufe 3) vorheizen und die Backform einfetten.

2 Mehl und Backpulver in eine Schüssel sieben und vermischen.

3 Butter oder Margarine und Zucker in eine große Rührschüssel geben und schlagen, bis die Mischung hell und locker ist.

4 Ein Ei nach dem anderen abwechselnd mit je einem Esslöffel Mehl zugeben, jeweils gut durchschlagen. Das gewünschte Backaroma hinzufügen. Das restliche Mehl mit einem großen Löffel unterheben.

5 Den Teig in die Form geben und mit der Rückseite des Löffels eine Delle in die Oberseite des Teiges drücken.

6 Im Backofen auf mittlerer Schiene so lange backen, bis an einem Schaschlikspieß, den man in den Kuchen sticht, beim Herausziehen kein Teig mehr kleben bleibt (die ungefähren Backzeiten finden Sie auf den Seiten 8/9).

7 Fünf Minuten abkühlen lassen, auf ein Kuchengitter stürzen und vollständig abkühlen lassen. Bewahren Sie den Boden bis zur Verwendung in einem luftdichten Behälter auf.

AROMATISIEREN

Vanillegeschmack: Geben Sie zu einer Teigmenge von sechs Eiern einen Teelöffel Vanilleextrakt.
Zitronengeschmack: Geben Sie zu einer Teigmenge von sechs Eiern die abgeriebene Schale und den Saft einer Zitrone.
Schokoladengeschmack: Geben Sie zu einer Teigmenge von sechs Eiern zwei bis drei Esslöffel ungesüßtes Kakaopulver mit einem Esslöffel Milch.
Mandelgeschmack: Geben Sie zu einer Teigmenge von sechs Eiern ein halbes Fläschchen Backaroma Mandel und zwei bis drei Esslöffel geriebene Mandeln.

FONDANT

Am einfachsten benutzen Sie fertigen Rollfondant, den Sie in guter Qualität im Konditoreifachhandel oder z.T. sogar im Supermarkt kaufen können. Besonders fein heraus sind Sie, wenn Ihnen Ihr Bäcker Zutaten wie Fondant und Glukosesirup, die oft nur in größeren Gebinden angeboten werden, in der gerade benötigten Menge verkauft. Im Internet-Fachhandel (z.B. *www.backfun.de* oder *www.tortissimo.de* ist Rollfondant in verschiedenen Qualitäten und Farben erhältlich. Probieren Sie am besten mehrere Sorten aus, bis Sie Ihren Lieblingsfondant gefunden haben – oder bereiten Sie sich nach dem folgenden Rezept Ihren eigenen Fondant zu.

Zutaten für ca 500 g:
- **1 frisches Eiweiß oder 10 g Trockeneiweiß nach Herstelleranweisung zubereitet**
- **30 ml Glukosesirup**
- **500 g Puderzucker**
- **Nach Bedarf etwas Pflanzenfett oder Speiseöl**
- **Aroma nach Belieben**

1 Eiweiß und Glukosesirup in eine Schüssel geben und leicht anwärmen.

2 Den Puderzucker langsam in die Schüssel sieben und rühren, bis die Masse fester wird.

3 Den Fondant auf der mit Puderzucker bestreuten Arbeitsfläche glatt kneten. Wenn er rissig und trocken ist, ein wenig Pflanzenfett unterziehen und noch einmal kneten.

4 Sofort in einen Plastikbeutel geben oder doppelt in Frischhaltefolie einschlagen und in einem luftdichten Behälter aufbewahren.

AUFBEWAHRUNG

Lagern Sie fertige Torten in einer Pappschachtel an einem warmen und trockenen Ort, niemals im Kühlschrank, weil dort eine hohe Luftfeuchtigkeit herrscht. Verzieren Sie die Torte spätestens eine Woche nach dem Backen.

BUTTERCREME

Buttercreme ist eine köstliche Füllung, die man zwischen zwei Tortenbodenschichten auftragen kann. Wenn man sie dünn rundum auf die Torte streicht, füllt sie sämtliche Unebenheiten und sorgt für eine glatte Oberfläche zum Auftragen des Fondantüberzugs. Man kann Buttercreme auch aromatisieren (siehe Kasten).

Zutaten für 500 g:
- **125 g weiche Butter oder hochwertige Margarine**
- **1 Esslöffel Milch**
- **375 g durchgesiebter Puderzucker**

1 Butter bzw. Margarine in eine Rührschüssel geben. Milch und nach Belieben Aroma dazugeben.

2 Puderzucker portionsweise in die Schüssel sieben und das Ganze jedes Mal gut durchschlagen, bis der gesamte Zucker eingearbeitet ist und die Buttercreme leicht und cremig wird.

3 Buttercreme bis zum endgültigen Verbrauch in einem luftdichten Behälter aufbewahren.

Wer die Kalorien der Buttercreme fürchtet, kann sich mit einer Konditorcreme behelfen, die ihre Bindung nicht durch Butter, sondern durch Stärke erhält, also wie eine Art dicker Pudding zubereitet wird.

AROMEN

Vanillegeschmack: 1 Teelöffel Vanilleextrakt hinzufügen.
Zitronengeschmack: Anstatt der Milch 1 Esslöffel frischen Zitronensaft dazugeben.
Schokoladengeschmack: Die Milch mit 2 Esslöffeln ungesüßtem Kakaopulver zu einem Brei verrühren und in die Mischung geben.
Kaffeegeschmack: Die Milch mit 1 Esslöffel löslichem Kaffeepulver zu einem Brei verrühren und in die Buttercrememasse geben.

ZUCKERGUSS

Zuckerguss eignet sich gut als Klebemasse und als Glasur, z. B. bei der »Flotten Spinne« auf Seite 19. Dabei handelt es sich lediglich um mit etwas Flüssigkeit angerührten Puderzucker. Soll mit dem Guss ein Kuchen überzogen werden, können Sie ihn durch die Wahl entsprechender Flüssigkeiten wie Rum oder Zitronensaft aromatisieren. Wird der Guss nur als Klebstoff verwendet, genügt Wasser.
Zuckerguss klebt besonders gut, wenn man ihn mit Eiweiß anrührt. Auch leicht verschlagenes Eiweiß eignet sich als Klebstoff für Lebensmittel.

Zutaten für ca 300 g:
- **1 frisches Eiweiß oder 10 g Trockeneiweiß nach Herstelleranweisung zubereitet**
- **250–280 g durchgesiebter Puderzucker**

1 Das Eiweiß in eine Schüssel geben. Den Puderzucker nach und nach einrühren, so lange rühren, bis der Zuckerguss fest und glänzend wird. Wenn man den Löffel herauszieht, müssen sich kleine Spitzen bilden.

2 Vor der Weiterverarbeitung die Schüssel mit einem feuchten Tuch zudecken.

TORTENPLATTEN

Leider halten sich unsere Trendtorten in ihren Formen und Größen nicht immer an die genormten Maße der handelsüblichen Tortenplatten. Styroporplatten aus dem Baumarkt kosten nicht viel und lassen sich mit einem scharfen Universalmesser leicht in jede beliebige Form schneiden. Damit sind sie als Tortenplatten gut geeignet. Ihr Nachteil: Sie brechen sehr leicht. Wenn Sie die Styroporplatte auf beiden Seiten mit dickem Papier oder dünnem Karton bekleben, verbessern Sie die Biege- und Bruchfestigkeit des Materials ganz entscheidend. Einfach das Styropor gleichmäßig mit Weißleim bestreichen, den Karton darauflegen und das Ganze ein paar Stunden mit einem schweren Schneidebrett pressen. Nach dem Trocknen des Leims wird der Karton entsprechend der Plattenform beschnitten.

Arbeitstechniken

EINE TORTENPLATTE ÜBERZIEHEN

Mit Fondant
Rollen Sie den Fondant gleichmäßig mit etwas Übermaß zur Tortenplatte aus. Dazu eignet sich am besten ein Ausrollstab für Fondant und Marzipan. Legen Sie die Fondantplatte über den Ausrollstab und bedecken Sie damit die Platte. Streichen Sie die Fondantplatte mit einem Glätter sorgfältig fest. Wenn der Fondant nicht von selbst an der Platte haften bleibt, heben Sie ihn an der Kante an, und befeuchten Sie diese mit einem Pinsel. Schneiden Sie den überstehenden Fondant mit einem scharfen Messer von oben nach unten ab. Lassen Sie frisch überzogene Tortenplatten mindestens zwölf Stunden lang trocknen. Diese Art von Tortenplatten eignet sich am besten für Torten, die nicht zu viel Feuchtigkeit abgeben.

Mit Geschenkpapier
Legen Sie die Tortenplatte mit der Rückseite nach oben auf das Papier. Schneiden Sie dieses rundherum ab, lassen Sie einen Rand von mindestens 4 cm überstehen. Bestreichen Sie die Kante der Tortenplatte mit ungiftigem Klebestift, legen Sie das Papier um die Kante, streichen Sie es auf der Rückseite der Platte glatt. Überstehende Ecken abschneiden oder nach innen falten. Schneiden Sie Backpapier entsprechend der Form der Torte zurecht und legen Sie es als Schutzschicht unter die Torte.

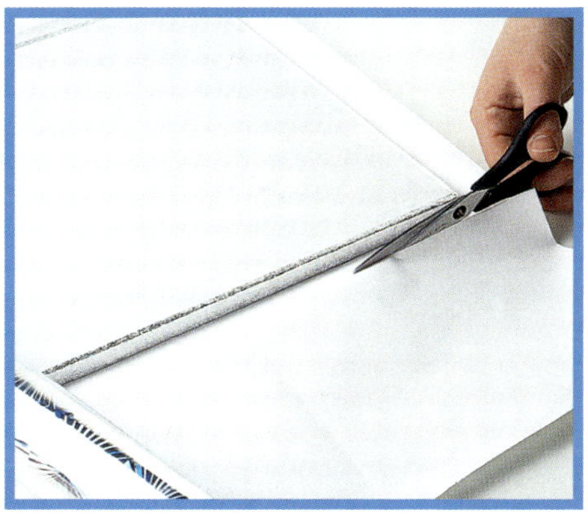

Tortenplatte dekorieren
Den letzten Schliff erhält Ihre Torte, wenn Sie die Kante der Tortenplatte mit einem Stoffband passender Breite umkleben. Dafür verwenden Sie selbstverständlich einen ungiftigen Klebstoff. Wenn die Platte mit Fondant überzogen ist, sollte dieser aber trotzdem nicht verzehrt werden.

BÖDEN ZUSCHNEIDEN

Lassen Sie jeden Tortenboden nach dem Abkühlen mindestens sechs Stunden in einem luftdichten Behälter stehen, damit er sich setzen kann. Benutzen Sie ein Messer mit Wellenschliff und schneiden Sie immer nur kleine Stückchen ab. Wenn Sie versehentlich doch einmal zu viel abschneiden, können Sie das fehlende Stück in der Regel mit einem Klecks Buttercreme einfach wieder ankleben.

FONDANT FÄRBEN

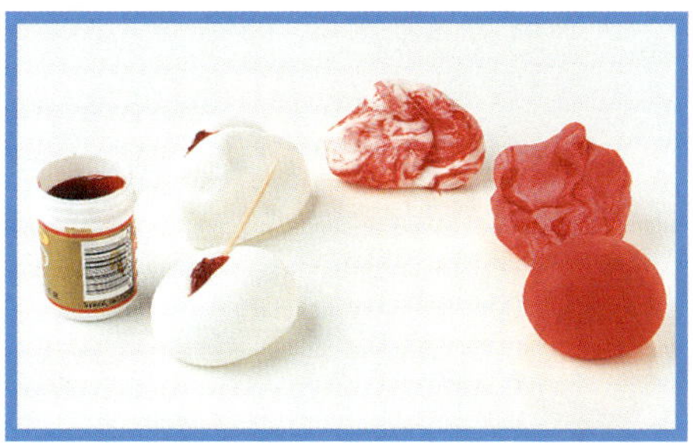

Mit einem Cocktailspieß oder einem Zahnstocher geben Sie in kleinen Portionen Farbpaste in den Fondant. Kneten Sie die Masse gut durch, und fügen Sie so lange weitere Farbe hinzu, bis der gewünschte Farbton erreicht ist. Sie können auch flüssige Lebensmittelfarbe verwenden, zum besseren Dosieren in Fläschchen mit Tropfer. Es gibt aber auch fertig gefärbten Rollfondant in vielen Farbtönen.

FONDANT VERARBEITEN

Vor dem Verarbeiten sollte der Fondant leicht erwärmt werden. Am besten kneten Sie ihn mit den Händen, bis er warm und geschmeidig ist, bevor Sie ihn ausrollen. Bestäuben Sie vor dem Ausrollen die Arbeitsfläche leicht mit Puderzucker, und achten Sie beim Rollen darauf, ständig die Richtung zu wechseln. Wenn nicht anders angegeben, rollen Sie den Fondant auf eine Dicke von 3–4 mm. Benutzen Sie zum Schneiden ein scharfes Messer. Schneiden Sie immer senkrecht und wischen Sie die Klinge regelmäßig sauber. Polieren Sie den Fondant nach dem Trocknen mit den Händen, um überschüssigen Puderzucker zu entfernen und der Masse ein wenig Glanz zu geben. Zum Modellieren von Figuren kann man pro Kilo Fondant 5–6 gestrichene Teelöffel Tragacanth (E 413) oder Gummiarabicum (E414) unterkneten. Beides sind natürliche Verdickungsmittel.

Mengenangaben

Torte	Seite	Backform	Eier	Backpulver	Mehl	Butter/Margarine	Zucker	Backzeit
Der Bücherwurm	62	Kastenform, 18 cm	3	5 g	285 g	190 g	190 g	50 min
Kleiner Fußballer Schatzkarte	44 69	Springform, 20 cm	4	6,5 g	375 g	250 g	250 g	50 min
Schlangengrube	81	Napfkuchenform, 23 cm	4	6,5 g	375 g	250 g	250 g	50 min
Traktor Eisenbahn	16 60	Kastenform, 18 cm	4	6,5 g	375 g	250 g	250 g	1 h
Schminktasche Die weise Eule	96 30	Springform, 18 cm	4	6,5 g	375 g	250 g	250 g	1 h 15 min
Süßer Marienkäfer	102	Feuerfeste 2-l-Schüssel	4	6,5 g	375 g	250 g	250 g	1 h 30 min
Bonbontüte	36	Kastenform, 15 cm	4	6,5 g	375 g	250 g	250 g	1 h 15 min
Flowerpower	77	Briocheform, 20 cm	5	8 g	470 g	315 g	315 g	1 h 15 min
Gespensterturm Ponystall Schmuckkästchen Beim Zelten Alle meine Kleider Kaufrausch Tankstelle Geschenkbeutel	104 66 100 54 14 42 24 90	Kastenform, 20 cm	5	8 g	470 g	315 g	315 g	1 h
Kleine Monster Knusperhäuschen ABC-Fibel Schweinestall Formel-1-Wagen Burgwächter	82 74 12 56 78 70	Kastenform, 25 cm (+ 12 Biskuiträllchen)	5	8 g	470 g	315 g	315 g	1 h
Riesenformkuchen	98	Briocheform, 22 x 9,5 cm	5	8 g	470 g	315 g	315 g	1 h 30 min
Bauklötze	48	Zwei Kastenformen, je 15 cm	5	8 g	470 g	315 g	315 g	50 min
Prächtige Krone	80	Springform, 20 cm	5	8 g	470 g	315 g	315 g	1 h
Trommler	88	Zwei Kastenformen, je 15 cm	5	8 g	470 g	315 g	315 g	1 h
Spielkätzchen Die Sonne lacht Gefleckter Drache	20 87 22	Zwei feuerfeste 1-Liter-Schüsseln	5	8 g	470 g	315 g	315 g	1 h 15 min
Zircusclown	52	Feuerfeste 3-l-Schüssel	5	8 g	470 g	315 g	315 g	1 h 30 min

Torte	Seite	Backform	Eier	Backpulver	Mehl	Butter/Margarine	Zucker	Backzeit
Fliegende Untertasse Flotte Spinne Kinderwagen Little Bo Peep Tapsiger Dino	92 19 64 38 50	Feuerfeste 2-l-Schüssel	5	8 g	470 g	315 g	315 g	1 h 45 min
Lustiger Frosch Delfine Niedliches Küken	10 35 106	Feuerfeste 0,5-l-Schüssel, feuerfeste 2-l-Schüssel; kleine Schüssel zur Hälfte füllen, den Rest in die große Schüssel geben	6	10 g	560 g	375 g	375 g	1 h 30 min 1 h
Zauberpilz	26	Zwei feuerfeste 1-l-Schüsseln	6	10 g	560 g	375 g	375 g	1 h 30 min
Arche Noah	32	Kastenform, 20 cm, feuerfeste ovale Form; Kastenform zu einem Viertel füllen, den Rest in ovale Form geben	6	10 g	560 g	375 g	375 g	45 min 1 h 30 min
Piratenflagge Fleißige Bienchen	59 46	Springformen, 15 cm und 20 cm; Mischung 1 zu 2 verteilen	6	10 g	560 g	375 g	375 g	50 min 1 h
Spielzeugboot	72	Feuerfeste 2-l-Schüssel	6	10 g	560 g	375 g	375 g	2 h
Mäusehaus	40	Zwei feuerfeste 2-l-Schüsseln	7	11 g	660 g	440 g	440 g	1 h 15 min
Wigwam	28	Springformen, 10 cm, 18 cm und 20 cm	7	10 g	660 g	440 g	440 g	je 1 h
Hund mit Knochen	94	1 Biskuitrolle, 4 Muffins			KEIN BACKEN ERFORDERLICH!			
Traumschloss	84	3 Biskuitrollen, 5 Biskuiträllchen			KEIN BACKEN ERFORDERLICH!			

Lustiger Frosch

Setzen Sie ihm eine Krone auf, und er ist ein verzauberter Prinz.

Zutaten:

- 1,9 kg Rollfondant
- Lebensmittelfarbe: Grün, Schwarz und Gelb
- etwas Puderzucker zum Ausrollen
- Runde Tortenplatte, 30 cm Durchmesser
- 1 Tortenboden aus der Halbliter-Schüsselform und 1 Tortenboden aus der Zweiliter-Schüsselform (s. S. 9)
- 375 g Buttercreme
- Zuckerguss zum Kleben
- Grünes Lebensmittelfarbpulver

Benötigte Geräte:

- Ausrollstab
- Küchenmesser
- Glätter
- Mittelgroßer Pinsel

Tipp:

Beim Überziehen des Frosches entstehen Grate aus grünem Rollfondant. Um sie zu entfernen, kann man sie entweder vorsichtig andrücken und verreiben oder abschneiden und den Rest dann glatt streichen. Um eine vollkommen glatte Oberfläche zu erhalten, verwenden Sie den Glätter.

1 375 g Rollfondant mit grüner und etwas schwarzer Lebensmittelfarbe schmutzig grün einfärben, auf der mit Puderzucker bestreuten Arbeitsfläche etwa 4 mm dick ausrollen und die Tortenplatte damit überziehen. Überflüssigen Fondant abschneiden und die Platte trocknen lassen. Die Rinde von den Biskuitböden entfernen und die Oberseite des größeren gerade schneiden. Die Böden umdrehen und in den größeren eine Mulde zur Aufnahme des Kopfes schneiden. Den Kopf mit Buttercreme auf den Rumpf kleben und das Ganze mit Buttercreme überziehen.

2 1,5 kg Fondant grün färben. Aus 45 g Maul und Augenwülste wie auf dem unten stehenden Foto formen. 1 kg grünen Fondant ausrollen, von oben über den Boden stülpen und über Kopf und Körper des Frosches glatt streichen. Die Torte in die Mitte der Tortenplatte stellen und die Oberfläche mit dem Glätter bearbeiten. Mit dem Messerrücken den Mund einritzen und mit dem Pinselstiel Löcher für die Mundwinkel und die Nasenlöcher in den Fondant drücken.

3 Für die Augenlider aus 7 g grünem Fondant eine Kugel rollen und mittig teilen. 7 g Fondant gelb und eine kleine Menge schwarz einfärben. Für die Augenreflexe zwei winzige gelbe Kugeln rollen und platt drücken. Für die Augen aus dem restlichen gelben Fondant eine Kugel rollen und halbieren. Aus dem schwarzen Fondant eine weitere Kugel rollen, flach zusammendrücken und halbieren. Diese Teile mit Zuckerglasur in die Augenhöhlen kleben.

4 Für Arme und Beine aus 150 g grünem Fondant zwei Stränge rollen und die Enden abrunden. Jeweils ein Ende leicht abflachen und mit dem Messer die Finger einschneiden. Die Fingerkuppen abrunden und den Pinselstiel in die Lücken drücken, um die Finger sauber voneinander zu trennen.

5 Für die Beine aus 220 g grünem Rollfondant zwei dicke Würste formen. Sie sollen in der Mitte dicker sein als an den Enden. Die Würste in der Mitte umbiegen, mit Zuckerguss zusammenkleben und an der Torte befestigen. Aus dem restlichen Rollfondant in gleicher Weise die Füße formen. Die Torte trocknen lassen und zuletzt mit grünem Lebensmittelfarbpulver vorsichtig kleine Kreise auf den Rücken des Frosches streuen.

Teile aus Rollfondant für die Augen, Arme Beine, Hände und Füße des Frosches

Gestalten Sie das Gesicht des Frosches aus grünem Rollfondant.

ABC-Fibel

Eltern tun fast alles, damit die Kleinen das ABC lernen.

ZUTATEN:

- Quadratische Tortenplatte, 30 cm Kantenlänge
- 1 quadratischer Tortenboden, 25 cm Kantenlänge (S. 8)
- 200 g Buttercreme
- 1,25 kg Rollfondant
- Etwas Puderzucker zum Ausrollen
- Lebensmittelfarben: Grün, Schwarz, Gelb, Braun, Orange
- Zuckerguss oder Eiweiß zum Kleben
- Schwarzer Lebensmittelstift

BENÖTIGTE GERÄTE:

- Geschenkpapier
- Ungiftiger Klebestift
- Schere • Küchenmesser
- Ausrollstab
- Wachspapier oder Backpapier
- Cocktailspieß/Zahnstocher
- Modellierstab
- Runde Ausstechform, 2,5 cm Durchmesser

TIPP:

Die fertig geformten Früchte mit Schaumstoffstückchen stützen, bis der Zuckerguss getrocknet ist, und dann den Schaumstoff entfernen.

1 Die Tortenplatte mit passendem Geschenkpapier überziehen. Die Rinde vom Tortenboden abschneiden und mit dem Küchenmesser die Oberseite gerade schneiden. Eine Rille als Buchfalz in die Mitte einschneiden und die schmalen Kanten abrunden. Die Torte mit Buttercreme überziehen, damit der Rollfondant besser hält.

2 Weißen Rollfondant auf einer mit Puderzucker bestäubten Arbeitsplatte ausrollen und die Kanten der Torte damit überziehen. Die Buchseiten mit dem Küchenmesser einritzen. Anschließend die Oberseite der Torte überziehen und den überschüssigen Fondant an den Kanten abschneiden. Ein passendes Stück Backpapier zuschneiden und die Torte darauf mittig auf die Tortenplatte setzen.

3 Für den Apfel 125 g Fondant grün einfärben. 7 g beiseitelegen und den Rest zu einer Kugel rollen. Die Vertiefung für den Stängelansatz mit einem Zahnstocher ausformen. Die Augenhöhlen mit dem schmalen Ende eines Modellierstabes und den Mund mit einer geeigneten Ausstechform ausformen. Nase und Arme ausformen und mit Zuckerguss ankleben. 60 g Fondant schwarz einfärben. Aus schwarzem und weißem Fondant kleine Kügelchen für die Augen rollen.

4 Für die Banane 125 g Fondant blassgelb und 7 g braun einfärben. 7 g gelben Rollfondant beiseitelegen und aus dem Rest einen sich zu den Enden hin verjüngenden Strang rollen. Diesen in Bananenform biegen. Für Gesicht und Arme verfahren Sie wie beim Apfel. Die Enden der Banane aus kleinen Stücken von braunem Rollfondant formen.

5 Für die Karotte 60 g Rollfondant orange färben, in Karottenform rollen und rundum mit dem Messer einritzen. Am oberen Ende mit dem Zahnstocher eine Vertiefung ausformen. Gesicht und Arme wie beschrieben gestalten. Für das Blatt der Karotte aus grünem Fondant ein flaches Oval formen, mit dem Zahnstocher Mittelader und Blattachse einritzen und den Zahnstocher zu den Blatträndern hin rollen, um das Blatt dünn und wellig zu gestalten. Das Blatt mit Zuckerguss ankleben.

6 Den restlichen schwarzen Rollfondant in glatte, gleichmäßige Würste rollen und daraus die Buchstaben formen. Diese mit Zuckerguss auf die Torte kleben.

Ritzen Sie die Seiten des Buches mit einem Küchenmesser ein.

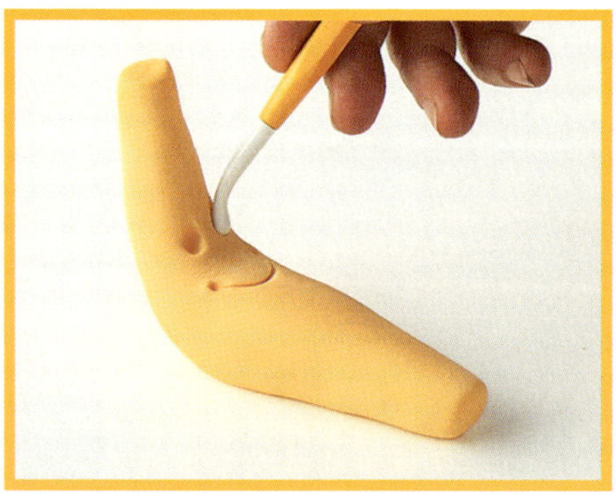

Drücken Sie mit dem Modellierstab die Augenhöhlen in die Banane.

Ritzen Sie mit dem Messer Einkerbungen in die Karotte.

abc

Alle meine Kleider

Mädchen machen sich gerne hübsch – mit einer Federboa und schönen Hüten!

ZUTATEN:

- 1,25 kg Rollfondant
- Etwas Puderzucker zum Ausrollen
- Lebensmittelfarben: Blau, Goldbraun, Flieder, Grün, Rosa und Gelb
- Runde Tortenplatte, 30 cm Durchmesser
- Passendes Stück Stoffband
- 1 quadratischer Tortenboden, Kantenlänge 20 cm, (s. S. 8)
- 410 g Buttercreme
- Zuckerguss oder Eiweiß zum Kleben
- Schwarzer Lebensmittelfarbstift

BENÖTIGTE GERÄTE:

- Ausrollstab
- Scharfes Küchenmesser
- Lineal
- Marzipankneifer mit Zacken
- Kleine runde Ausstechform
- Cocktailspieß/Zahnstocher
- Kleine spitze Schere
- Auspressausstecher in Blümchenform (s. S. 5)

TIPP:

Wenn die Buttercreme fest geworden ist, bevor Sie dazu kommen, die Seitenteile aus Rollfondant anzubringen, streichen Sie einfach nochmal frische Buttercreme darauf oder verstreichen Sie die Buttercreme ein zweites Mal.

1 400 g Rollfondant blau einfärben. 30 g davon beiseitelegen, den übrigen blauen Fondant ausrollen, die Tortenplatte damit überziehen und mit dem Stoffband einfassen. Den Tortenboden von der Kruste befreien und die Oberseite gerade schneiden. Den Tortenboden längs halbieren und die Hälften mit Buttercreme aufeinanderkleben. Den Boden mit Buttercreme überziehen und auf die Tortenplatte setzen.

2 500 g Rollfondant goldbraun einfärben und ausrollen. Die genaue Größe der Seitenteile des Kleiderkorbes ausmessen, die Teile zurechtschneiden und an der Torte befestigen. Mit einem passenden Marzipankneifer ein Wellenmuster formen und in die Lücken mit einem Zahnstocher senkrechte Linien ritzen.

3 45 g Fondant mit goldbrauner Lebensmittelfarbe cremefarben einfärben und daraus erst eine kleine Kugelnase und dann aus dem Rest eine Kugel für den Kopf des Mädchens formen. Mit einer schräg angesetzten Ausstechform einen lächelnden Mund eindrücken und mit einem Zahnstocker Grübchen in die Mundwinkel formen. Den Kopf oben auf die Torte kleben.

4 125 g Rollfondant fliederfarben, 22 g grün, 60 g rosa, 30 g cremefarben und den Rest gelb einfärben. Mehrere Stücke in verschiedenen Farben dünn ausrollen und jeweils leicht gefaltet um den Kopf des Mädchens herum drapieren. Für das Kleid grobe Falten in ein längliches, dickes Stück fliederfarbenen Fondant drücken. Das Kleid über den vorderen Tell des Kleiderkorbes drapieren und mit einem Zahnstocher das Muster einstechen.

5 Für die Hüte gewölbte Oberteile auf flache runde Unterteile kleben. Schmale Streifen von ausgerolltem Rollfondant als Hutbänder verwenden und auf der Rückseite über Kreuz legen. Mit einer passenden Ausstechform rosa Blümchen für das Hutband des weißen Hutes ausstechen. Kleine Schleifchen formen, in der Mitte den Knoten eindrücken und mit einem Zahnstocher die Falten ausformen.

6 Für den Schal mit Fransen einen Streifen von blauem Fondant zuschneiden und die Enden vorsichtig einschneiden, damit die so entstehenden Fransen nicht abbrechen. Für die Federboas dünne Stränge aus Fondant rollen und mit einer spitzen Schere kleine Zacken hineinschneiden.

7 Drei dünne Stränge aus cremefarbenem Fondant rollen, daraus die Zöpfe des Mädchens flechten und mit einer rosa Schleife verzieren. Wenn die Torte trocken ist, mit dem schwarzen Lebensmittelfarbstift die Augen des Mädchens malen .

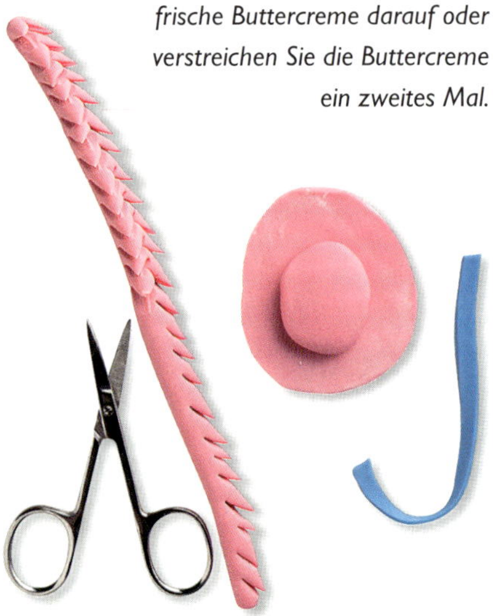

Teile aus Rollfondant für eine Federboa und einen Hut

Kneifen Sie mit einem gezackten Marzipankneifer Muster in die Seitenteile.

Platzieren Sie gefaltete Teile aus Rollfondant auf der Torte.

Traktor

Der Bauer fährt mit seinem Traktor auf den Geburtstagstisch.

ZUTATEN:

- 1,75 kg Rollfondant
- Lebensmittelfarben: Gelb, Schwarz, Blau, Haut und Rot
- Etwas Puderzucker zum Ausrollen
- Längliche Tortenplatte, 30 x 20 cm
- Passendes Stoffband zum Einfassen
- 1 quadratischer Tortenboden, 18 cm Kantenlänge (s. S. 8)
- 375 g Buttercreme
- Zuckerguss oder Eiweiß zum Kleben

BENÖTIGTE GERÄTE:

- Ausrollstab
- Scharfes Küchenmesser
- Lineal
- Cocktailspieß/Zahnstocher
- Zwei runde Ausstechformen, 2,5 cm und 3 cm Durchmesser
- Schablonen (s. S. 109)

TIPP:

Anstatt den Anhänger mit Stroh aus Rollfondant zu füllen, können Sie auch runde und längliche Schokoladenstückchen als Holz aufladen.

1 560 g Rollfondant blassgelb einfärben. Davon 440 g auf einer mit Puderzucker bestreuten Fläche ausrollen und die Tortenplatte damit überziehen. Ein Lineal mehrmals mit der Kante in die Oberfläche drücken, um einen Stroheffekt zu erzeugen, und den überschüssigen Rollfondant an der Kante abschneiden. Die Tortenplatte mit Stoffband einfassen.

2 Den Tortenboden von der Kruste befreien und winkelig zuschneiden. Den Boden halbieren, eine Hälfte auf die andere setzen und bündig beschneiden. Dann die obere Hälfte quer halbieren und eines der Viertel beiseitelegen. Die hintere Kante des verbleibenden Viertels abschrägen. Das andere Viertel für den Anhänger zu einem länglichen Quader schneiden. Die Unterkanten des Traktors nach innen abschrägen.

3 Die Tortenbodenteile mit Buttercreme zusammenfügen und die ganze Torte dünn mit Buttercreme bestreichen. Den Traktor auf die Tortenplatte stellen. 250 g Fondant schwarz einfärben und daraus einen 2,5 cm breiten Streifen ausrollen, diesen um die untere Kante des Traktors legen, den Überstand abschneiden und die Nahtstelle verreiben.

4 500 g Rollfondant blau einfärben. 345 g davon ausrollen und damit die Oberseite des Traktors überziehen. Den Fondant vorsichtig andrücken und an der Unterkante so abschneiden, dass der schwarze Streifen sichtbar bleibt. Den restlichen blauen Fondant ausrollen, den Anhänger von allen Seiten damit überziehen, Überstände abschneiden und den Anhänger ebenfalls auf die Tortenplatte stellen. Den restlichen gelben Fondant ausrollen und daraus ein Rechteck von der Größe des Anhängers zuschneiden. Mit der Kante eines Lineals Linien eindrücken, damit ein Stroheffekt entsteht, und die Kanten auseinanderziehen. Das Fondantstück auf den Anhänger legen.

5 Für den Bauern 315 g Rollfondant grau und 60 g hautfarben einfärben. Aus 90 g grauem Fondant den Rumpf tropfenförmig modellieren und mit Zuckerguss auf den Traktor kleben. Aus 30 g grauem Fondant zwei wurstförmige Arme formen, die Arme des Bauern abwinkeln, dabei eine Vertiefung in die Innenseite des Ellbogens ritzen, und die Arme am Rumpf ankleben. Aus 45 g hautfarbenem Fondant eine Kugel für den Kopf formen, den Rest zu kugelförmigen Stücken für die Hände und zu ovalen Stücken für Nase bzw. Ohren formen. Die Ohren abflachen. Aus 7 g grauem Fondant zwei tropfenförmige Stücke für den Schnurrbart und weitere kleine Stückchen als Haare formen. Den Kopf mit Zuckerguss zusammensetzen.

Fortsetzung nächste Seite

Einzelteile, aus denen die Figur des Bauern hergestellt wird

Halbieren Sie die obere Hälfte noch einmal für den Anhänger.

Rollen Sie den schwarzen Streifen um die untere Kante des Traktors herum.

Seitenteile aus blauem Rollfondant

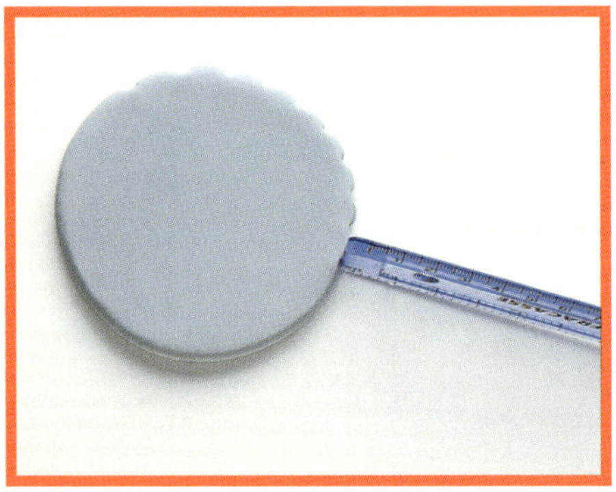

Drücken Sie mit der Kante eines Lineals das Profil in die Hinterreifen.

6 7 g schwarzen Rollfondant zu einem dünnen Strang rollen und diesen zum Lenkrad biegen. Aus der restlichen schwarzen Masse zwei Knopfaugen und einen Ring mit 5 cm Durchmesser als Hutkrempe modellieren. Aus einer Kugel entsteht das Oberteil des Hutes. Diese an zwei Seiten ein wenig zusammendrücken und mit einem Zahnstocher den Falz in der Mitte ausformen. Aus Resten von blauem Fondant ein Hutband formen und um den Hut kleben.

7 Den restlichen Fondant rot einfärben. 20 g davon zu einer dicken Wurst rollen und diese als Traktorsitz unten um den Rumpf des Bauern kleben. Aus 7 g eine weitere Wurst formen, diese an den Enden gerade abschneiden und zehn Minuten trocknen lassen. Dann als Auspuff senkrecht auf die Motorhaube des Traktors kleben. 125 g grauen Fondant zu zwei Kugeln rollen, diese flach drücken und zu Scheibenrädern formen. Mit dem Ende des Lineals das Reifenprofil hineindrücken. Die Mitte dieser Scheiben mit einer passenden Ausstechform ausstechen und die Hinterräder für 10 Minuten beiseitelegen.

8 Für die Lüfterschlitze an der Motorhaube ein Stück grauen Fondant entsprechend den Schablonen auf S. 109 dünn ausrollen und die Teile ausschneiden. Mit dem Lineal waagrechte Linien eindrücken und die Kühlergrillteile auf die Motorhaube kleben. Aus dem restlichen grauen Fondant die Vorderräder des Traktors und die Räder für den Anhänger formen. Hier die Mitte der Scheiben nicht ausstechen, sondern nur leicht eindrücken, damit eine Vertiefung entsteht. Aus dem restlichen roten Fondant die Felgen formen und diese an die Radnaben kleben.

Wenn Sie grauen Fondant übrig haben, modellieren Sie daraus ein kleines Mäuschen.

Flotte Spinne

Die freche Spinne ist ein kleiner Star auf dem Geburtstagstisch.

Zutaten:

- 1 kg Rollfondant
- Lebensmittelfarben: Grün, Gelb, Schwarz, Rot und Blau
- Etwas Puderzucker zum Ausrollen
- Runde Tortenplatte, 35 cm Durchmesser
- Zuckerguss oder Eiweiß zum Kleben
- Passendes Stoffband zum Einfassen
- Ein Tortenboden aus der Zweiliter-Schüsselform
- 185 g Buttercreme
- Einige Lakritzschnecken
- 140 g Zuckerguss

Benötigte Geräte:

- Ausrollstab
- Scharfes Küchenmesser

1 500 g Rollfondant grün und 75 g gelb einfärben. Den grünen Fondant ausrollen, die Tortenplatte damit überziehen, den überschüssigen Fondant an den Kanten abschneiden. Den gelben Rollfondant dünn ausrollen und daraus zwei Streifen schneiden. Diese mit Zuckerguss auf die Tortenplatte kleben, die Kanten mit Stoffband einfassen und das Ganze zum Trocknen beiseitestellen.

2 Die Kruste vom Tortenboden abschneiden, die beim Backen entstehende Wölbung soll erhalten bleiben. Den Boden umdrehen und mit Buttercreme bestreichen. 315 g Rollfondant schwarz einfärben, dünn ausrollen und den Boden vollständig damit bedecken. Die Masse rundum vorsichtig andrücken und den überschüssigen Rollfondant auf die Unterseite umschlagen. Den Mund der Spinne mit einem entsprechend gebogenen Lakritzstreifen in den Rollfondant drücken.

3 Den Zuckerguss schwarz einfärben, Stück für Stück auf der gesamten Torte verteilen und nach jeder aufgetragenen Portion mit der flachen Klinge des Küchenmessers zu kleinen Spitzen aufzupfen. Auf dem Scheitel der Torte sollte der Zuckerguss etwas dicker sein, damit höhere Verwerfungen entstehen.

4 Lakritzschnecken aufrollen und die Streifen als Spinnenbeine in die Torte stecken. Um die Beine zu befestigen, etwas Zuckerguss in die Ansatzstellen tupfen. Für die Schuhe acht ovale Stücke aus weißem Rollfondant formen, die Lakritzbeine hineinstecken und mit Zuckerguss fixieren. Aus weißem Fondant zwei ovale, aus schwarzem zwei kleinere runde Scheiben formen und als Augen übereinander auf den Spinnenkörper kleben. Den übrigen Fondant rot und blau einfärben, dünn ausrollen und zu feinen Streifen schneiden. Diese mit Zuckerguss auf die Laufschuhe kleben.

Tragen Sie den Zuckerguss mit einem Messer auf.

Spielkätzchen

Ein Kätzchen auf einem Wollknäuel – eine einfache, aber besondere Torte

ZUTATEN:

- 1,75 kg Rollfondant
- Lebensmittelfarben: Blau, Rosa und Schwarz
- Etwas Puderzucker zum Ausrollen
- Runde Tortenplatte, 25 cm Durchmesser
- Passendes Stoffband
- 2 Tortenböden aus der Einliter-Schüsselform
- 280 g Buttercreme
- Zuckerguss und Eiweiß zum Kleben

BENÖTIGTE GERÄTE:

- Ausrollstab
- Küchenmesser
- Kleine runde Ausstechform

TIPP:

Glatte Stränge ohne Risse erhalten Sie, wenn Sie aus Rollfondant erst eine Kugel formen und diese dann vorsichtig auf der Arbeitsfläche hin- und herrollen und in die Länge ziehen. Drücken Sie dabei nicht zu fest auf, sonst wird der Strang flach. Sie vermeiden das Festkleben des Fondants, wenn Sie die Hände mit etwas Pflanzenöl einfetten.

1 Gut 300 g Rollfondant hellblau einfärben. Den Fondant auf einer mit Puderzucker bestreuten Arbeitsfläche ausrollen und die Tortenplatte damit überziehen. Den überstehenden Fondant mit einem scharfen Messer an der Kante entlang abschneiden. Die Kante mit farblich passendem Stoffband einfassen und die Platte zum Trocknen beiseitestellen.

2 Von beiden Tortenböden die Kruste entfernen und die Oberseiten plan schneiden. Beide Tortenböden an den Schnittflächen mit Buttercreme zusammenfügen und die Oberfläche dünn mit der Creme überziehen. 1,25 kg Rollfondant blassrosa einfärben und 500 g davon ausrollen. Die Torte vollständig mit der Fondantplatte überziegen. Die Oberfläche braucht nicht geglättet zu werden, da sie später nicht mehr zu sehen sein wird.

3 Aus dem übrigen rosa Fondant lange, dünne Stränge rollen und diese mit Eiweiß auf die Torte kleben. Sechs oder sieben Fäden sollten vom Fuß der Tortenkugel über den Scheitel bis zur gegenüberliegenden Unterseite laufen. Weitere »Wollfäden« diagonal auf die unbedeckten Seiten der Kugel kleben, sodass an der Basis der Kugel zwei gegenüberliegende unbedeckte Dreiecke entstehen. Diese mit senkrechten Wollfäden ausfüllen. Einige weitere Stränge wie zufällig auf der Torte verteilen.

4 150 g Rollfondant schwarz einfärben. 60 g davon für den Körper der Katze tropfenfömig modellieren. 45 g zu einem ovalen Kopf formen. Aus 30 g Rollfondant eine Wurst rollen und diese für die Beine in vier Stücke schneiden. Aus dem restlichen schwarzen Rollfondant die dreieckigen Ohren, die runden, abgeflachten Pupillen und den spitz zulaufenden Schwanz modellieren. Aus dem restlichen rosa Rollfondant zwei kleine Dreiecke schneiden und in die Ohren einsetzen, außerdem ein Halsband und die Nase.

5 Aus etwas weißem Fondant die Schnauze formen und an den Kopf kleben. Das Maul mit einem Zahnstocher eingravieren. Zwei kleine Scheibchen aus weißem Rollfondant direkt über die Schnauze als Augen an den Kopf kleben, darauf am unteren Rand zwei kleinere Scheibchen aus blauem Fondant und schließlich die bereits erwähnten schwarzen Pupillen. Zuletzt die Nase des Kätzchens oben auf die Schnauze kleben.

6 Die Katze mit etwas Zuckerguss oben auf die Torte kleben. 12 kleine Kügelchen aus weißem Fondant rollen und mit etwas Zuckerguss als Pfoten an die Beine kleben. Zuletzt den restlichen rosa Fondant zu einem langen, dünnen Strang formen und diesen über die Katze hängen und wie auf der Abbildung auf der Tortenplatte drapieren.

Einzelteile aus Rollfondant für die Katze

Überziehen Sie die Kugel mit einer dünnen Schicht rosafarbenem Rollfondant.

Kleben Sie mit Zuckerguss oder Eiweiß »Wollfäden« auf die Torte.

Gefleckter Drache

Ein Drache mit sehr dickem Bauch – ob er wohl zuviel Torte genascht hat?

ZUTATEN:

- 2 kg Rollfondant
- Lebensmittelfarben: Flieder, Grün, Gelb und Schwarz
- Etwas Puderzucker zum Ausrollen
- Runde Tortenplatte, 25 cm Durchmesser
- Schwarzes Stoffband
- 2 Tortenböden aus der Einliter-Schüsselform
- 280 g Buttercreme
- Zuckerguss und Eiweiß zum Kleben

BENÖTIGTE GERÄTE:

- Ausrollstab
- Scharfes Küchenmesser
- Glätter
- Zahnstocher
- Schnittmuster (s. S. 110)
- Feiner Pinsel

TIPP:

Anstelle der Flecken aus Rollfondant können Sie auch runde Schokoladestückchen oder andere Süßigkeiten auf den Rücken des Drachens kleben.

1 Gut 300 g Rollfondant fliederfarben einfärben, ausrollen und die Tortenplatte damit überziehen. Überstehenden Fondant abschneiden, die Platte mit Stoffband einfassen und zum Trocknen beiseitestellen. Die Tortenböden von der Kruste befreien und die Oberseiten plan schneiden. Die beiden Böden mit Buttercreme zusammenfügen und die Oberfläche mit Creme überziehen.

2 1,6 kg Rollfondant grün einfärben. Aus 75 g den spitz zulaufenden Schwanz modellieren. Aus 45 g eine Kugel rollen, abflachen und als Hals auf die Torte setzen. 1 kg grünen Rollfondant dünn ausrollen, über die gesamte Torte einschließlich des Schwanzes legen und behutsam andrücken. Lücken und Grate entfernen bzw. ausfüllen und das Ganze mit dem Glätter bearbeiten.

3 Stellen Sie die Torte auf die Tortenplatte, und glätten Sie sie mit dem Spachtel. Zur Stabilisierung des Kopfes stecken Sie einen Plastikstab senkrecht in den Hals, sodass er oben 5 cm herausragt. Aus 280 g grünem Rollfondant eine Kugel formen und diese oben zusammendrücken, sodass eine längliche, sich verjüngende Kopfform entsteht. Den Kopf auf den Zahnstocher stecken und an der Unterseite mit etwas Zuckerguss fixieren.

4 Ein großes Maul ausschneiden und die Unterlippe leicht nach unten ziehen. Mit dem Pinselstiel Grübchen neben die Mundwinkel und vorne Nüstern eindrücken. Aus insgesamt 7 g Fondant zwei spitze Ohren formen und diese mit Eiweiß an den Kopf kleben. Für die Augen zwei abgeflachte Kügelchen aus weißem Fondant und für die Pupillen zwei kleine Kügelchen aus schwarzem Fondant ankleben.

5 Den restlichen Rollfondant gelb einfärben, ausrollen und nach der Schablone auf Seite 110 den Bauchpanzer zuschneiden. Diesen mit Zuckerguss festkleben und mit dem Messerrücken waagrechte Linien hineinritzen. Aus 75 g grünem Fondant zwei tropfenförmige Stücke formen und zweimal einschneiden. Die Zehen etwas auseinanderbiegen und die Füße mit etwas Zuckerguss ankleben. Aus 75 g grünem Fondant zwei gleich große Würste formen, diese an einem Ende abflachen und ebenfalls zweimal einschneiden. Die entstandenen Grate entfernen und die Arme an die Torte kleben.

6 Aus 10 g grünem Fondant ein Dreieck für das Schwanzende modellieren und befestigen. Die restliche grüne Zuckermasse dünn ausrollen und daraus nach der Schablone auf S. 110 die beiden Flügel ausschneiden. Mit dem Pinselstiel Rillen in die Flügel ziehen und diese mit etwas Zuckerguss an den Rumpf kleben. Den restlichen fliederfarbenen Fondant dünn ausrollen, runde Punkte in verschiedenen Größen ausschneiden und auf den Rücken des Drachens kleben.

Einzelteile für den Kopf des Drachens

Drücken Sie mit dem Pinselstiel Rillen in die Flügel.

Hals- und Schwanzteil aus Fondant

Tankstelle

Diese Torte wird beim Geburtstag einen Verkehrsstau auslösen.

ZUTATEN:
- Lebensmittelfarben: Schwarz, Rot, Grün, Gelb, Blau und Creme
- 2 kg Rollfondant
- Etwas Puderzucker zum Ausrollen
- Quadratische Tortenplatte, 30 cm Kantenlänge
- Schwarzes Stoffband passender Länge
- 1 quadratischer Tortenboden, 20 cm Kantenlänge
- 410 g Buttercreme
- Zuckerguss und Eiweiß zum Kleben

BENÖTIGTE GERÄTE:
- Ausrollstab
- Scharfes Küchenmesser
- Glätter
- Kleine runde Ausstechform

Formen Sie die Autos jeweils aus einer Kugel Rollfondant.

1 Mit wenig schwarzer Lebensmittelfarbe 750 g Rollfondant grau einfärben. 450 g davon ausrollen, die Tortenplatte damit überziehen und den überschüssigen Fondant entlang der Kante abschneiden. Die Tortenplatte mit Stoffband einfassen und zum Trocknen beiseitestellen. Den Tortenboden von der Kruste befreien und oben plan schneiden. Den Boden halbieren und die Hälften mit Buttercreme aufeinandersetzen. Eines der kurzen Enden halbrund beschneiden und die Oberfläche mit Buttercreme überziehen.

2 75 g weißen Rollfondant ausrollen, in der Größe des flachen, kurzen Endes der Torte zuschneiden und dort ankleben. 375 g weißen Fondant länglich ausrollen, einen langen Streifen von der Höhe der Torte zurechtschneiden, diesen aufrollen und an der Außenseite der Torte befestigen, indem man ihn Stück für Stück abrollt und andrückt.

3 200 g grauen Fondant ausrollen und die Torte vorsichtig kopfüber daraufstellen. Den Fondant entlang der Kante abschneiden, die Torte umdrehen und auf der Tortenplatte platzieren. 280 g Rollfondant rot einfärben, 100 g davon zu einem langen Streifen ausrollen, diesen parallel beschneiden und mit Zuckerguss entlang der Oberkante der Torte ankleben.

4 Aus der restlichen ausgerollten grauen Masse zwei Streifen für die Auffahrtsrampen schneiden und diese mit Zuckerguss oben und unten gut festkleben. Für die Zapfsäulen aus 75 g weißem Fondant eine dicke Wurst rollen, flach drücken und halbieren. 60 g Rollfondant schwarz einfärben. Entsprechend der Abbildung die Benzinschläuche und die Sichtfenster der Zapfsäulen modellieren und an die Zapfsäulen kleben. Diese auf die Tortenplatte kleben.

5 15 g Rollfondant cremefarben, 30 g gelb und 200 g blau einfärben. Für die Männchen je eine Kugel rollen, flach drücken und die Unterseite des Rumpfes gerade abschneiden. Die Köpfe aus cremefarbenem Fondant rollen, die Münder mit einer schräg angesetzten Ausstechform einschneiden und die Gesichter entsprechend der Abbildung dekorieren. Für die Mützen platt gedrückte Kugeln beliebiger Farbe aufkleben und vorn wie einen Mützenschirm nach oben biegen. Die schwarz-gelben Rampenmarkierungen und die weißen Mittelstreifen aus Streifen in den entsprechenden Farben zurechtschneiden und wie in der Abbildung ankleben.

6 Den restlichen Rollfondant zu je einem Drittel grün, rot und blau einfärben. Für die Autos Kugeln formen, von allen Seiten ein wenig platt drücken und mit der Messerschneide Windschutzscheibe und Motorhaube modellieren. Bei den Pkws mit Heckscheibe und Kofferraum ebenso verfahren, beim Lieferwagen das Heck gerade abschneiden. Die Autos auf dem Dach und vor den Zapfsäulen aufkleben. Aus Resten von schwarzem Fondant die Räder formen und mit etwas Eiweiß ankleben.

Rollen Sie den weißen Streifen aus Fondant rund um die Torte.

Befestigen Sie einen roten Streifen rund um die Torte.

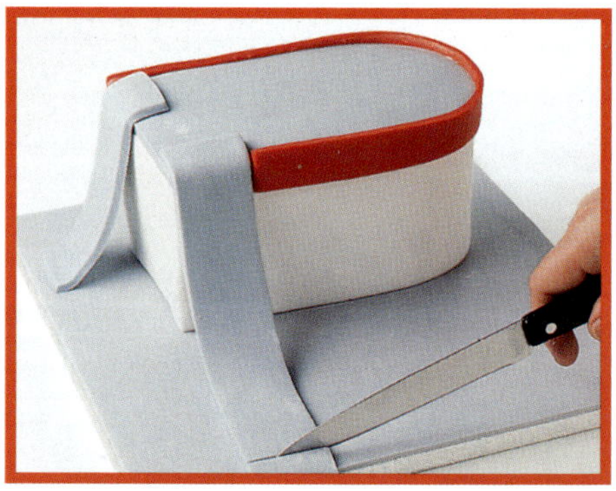

Bauen Sie die Auffahrtrampen aus Streifen grauen Rollfondants.

Zauberpilz

Jedem kleinen Mädchen wird dieses Zauberhäuschen mit den glitzernden Feen gefallen.

ZUTATEN:

- 1,25 kg Rollfondant
- Lebensmittelfarben: Grün, Rosa, Flieder, Blau, Orange, Creme und Gelb
- etwas Puderzucker zum Ausrollen
- Tortenplatte in Blütenform, 25 cm Durchmesser
- Passendes Stoffband
- 2 Tortenböden aus der Einliter-Schüsselform
- 375 g Buttercreme
- Zuckerguss und Eiweiß zum Kleben
- Kleine sternförmige Bonbons
- Passendes silbernes Geschenkband
- Liebesperlen
- Silbernes Lebensmittel-Farbspray

BENÖTIGTE GERÄTE:

- Ausrollstab
- Scharfes Küchenmesser
- Schablonen (s. S. 109)
- Runde Ausstechformen in vier Größen (sehr klein, klein, mittel und groß)
- Cocktailspieß/Zahnstocher

1 300 g Rollfondant grün einfärben, ausrollen, die Tortenplatte damit überziehen und den überschüssigen Fondant entlang der Kante abschneiden. Die Tortenplatte mit Stoffband einfassen und zum Trocknen beiseitestellen. Die Tortenböden von der Kruste befreien, die Oberseite des einen Bodens plan schneiden und als Stiel des Pilzes umgekehrt auf die Arbeitsfläche stellen.

2 Den zweiten Tortenboden, der die Pilzkappe darstellt, zur Aufnahme des Stiels in der Mitte aushöhlen. Die obere Kante soll rund bleiben. Den Boden umdrehen, das Dach rundherum abschrägen und eine Mulde in die Spitze scheiden. Beide Böden mit Buttercreme überziehen.

3 350 g weißen Rollfondant ausrollen, den Stiel damit überziehen und auf die Tortenplatte stellen. 470 g Rollfondant rosa färben. 60 g davon zur Kugel als Dachfüllung rollen und in die Dachmulde setzen. 375 g ausrollen und das Dach damit überziehen. Die Dachunterkante nach innen umschlagen und das Dach mit Zuckerguss auf den Stiel kleben.

4 Den restlichen rosa Rollfondant ausrollen und mithilfe der Schablonen auf S. 109 und einer kleinen Ausstechform Tür und Fenster modellieren. Mit dem Messer die Holzmaserung der Tür imitieren. Tür- und Fensterumrandung entsprechend der Abbildung aus Resten von weißem Fondant modellieren. Für die blütenblattförmigen Fensterläden drücken Sie je eine winzige Kugel aus Rollfondant platt und ziehen sie an den Rändern aus, damit sie hauchdünn werden und sich ein wenig kräuseln. Tür und Fenster mit Zuckerguss ankleben. Weißen Rollfondant ausrollen, runde weiße Scheibchen fürs Dach ausstechen und festkleben.

5 ür die Feen 7 g Rollfondant in fünf Teile teilen und kräftig rosa, fliederfarben, blau und orange einfärben. Weitere 7 g Rollfondant cremefarben einfärben. Die Körper der Feen in lang gezogener Tropfenform modellieren. Für die Arme je einen dünnen cremefarbenen Strang rollen, der sich zu beiden Enden hin verjüngt. Kleine Kügelchen als Köpfe modellieren und mit dem Zahnstocher die Gesichter formen. Als Haare einen sich verjüngenden dünnen Strang aus gelbem Fondant verwenden. Die Feen mit Zuckerguss zusammenkleben und trocknen lassen. Aus silbernem Band fünf Schleifen binden und mit Zuckerguss an die Feen kleben.

6 Aus Resten von weißem und blauem Fondant kleine Sterne ausstechen. Auf jede Fee einen Stern kleben und die Feen auf die Torte kleben. Aus den restlichen Sternen einen Weg pflastern. Rund um die Torte Eiweiß aufstreichen und Liebesperlen streuen. Das Ganze mit Lebensmittel-Farbspray silber ganz leicht übersprühen.

Rollfondantteile für Köpfe und Körper.

Schneiden Sie die zwei Böden in Pilzform.

Befestigen Sie Fenster und Tür an der Torte.

Wigwam

Wer gerne Indianer und Cowboy spielt, wird diese Wigwamtorte lieben.

Zutaten:

- 1,35 kg Rollfondant
- Lebensmittelfarben: Grün, Schwarz, Gelb, Rot, Blau, Creme und Braun
- Etwas Puderzucker zum Ausrollen
- Runde Tortenplatte, 25 cm Durchmesser
- Passendes Stück gelbes Stoffband
- 3 runde Tortenböden, 20 cm, 18 cm und 10 cm Durchmesser (s. S. 9)
- 440 g Buttercreme
- Zuckerguss zum Kleben
- 1 Schokoladenstäbchen

Benötigte Geräte:

- Ausrollstab
- Scharfes Küchenmesser
- Quadratische Ausstechformen, 1 cm, 2,5 cm und 4 cm
- Sehr kleine runde Ausstechform
- Cocktailspieß/Zahnstocher

Tipp:

Den Mund des kleinen Jungen schneiden Sie am besten mit einem Apfelausstecher, den Sie schräg ansetzen. Stechen Sie mit der Spitze eines Zahnstochers die Grübchen in den Mundwinkeln und ziehen Sie den Zahnstocher dabei leicht nach oben.

1 300 g Rollfondant grün einfärben, ausrollen und die Tortenplatte damit überziehen. Überschüssigen Rollfondant an der Kante abschneiden, die Platte mit gelbem Stoffband einfassen und zum Trocknen beiseitestellen. Aus den grünen Fondantresten zwei Kakteen formen. Die Tortenböden von den Krusten befreien und die Oberflächen plan schneiden. Die Böden zentriert mit Buttercreme aufeinanderkleben und das Ganze von oben kegelförmig zuschneiden, dann den Tortenkegel komplett mit Buttercreme überziehen.

2 30 g Rollfondant schwarz einfärben. Eine winzige Menge für die Augen des Jungen beiseitelegen. Den Rest dünn ausrollen und als Eingang an der Vorderseite der Torte befestigen. Die Torte auf die Tortenplatte stellen. 875 g Rollfondant gelb einfärben, ein kleines Stück davon kegelförmig modellieren und auf die Spitze der Torte setzen. Den restlichen gelben Fondant ausrollen, ein 50 x 22 cm großes Rechteck ausschneiden, vorsichtig zusammenrollen, senkrecht in der Mitte des schwarzen Eingangs ansetzen und entlang der Torte abrollen. Die obere Kante immer auf gleicher Höhe dicht an der Torte halten! Den an der Unterkante entstehenden Überstand so abschneiden, dass sich die beiden Ecken am Eingang auf gleicher Höhe treffen. Am Eingang eine geschwungene Öffnung in die Naht schneiden und die Spitze des Wigwams rundum zu einem kleinen Wulst ausziehen.

3 45 g Rollfondant rot und 22 g blau einfärben und beide Mengen dünn ausrollen. Aus dem roten Fondant große Quadrate ausstechen, aus denen kleinere und aus diesen wiederum kleinere. Die entstehenden quadratischen Rahmen diagonal durchschneiden, sodass rechtwinklige V-Dekore entstehen. Diese entsprechend der Abbildung als Zickzackmuster auf den Wigwam kleben. Aus dem blauen Fondant kleine Quadrate ausstechen, diese in das Zickzackmuster einfügen. Oberhalb der Zickzackmuster mit dem Messer je ein Linienmuster einritzen. Die Kakteen mit Zuckerguss auf die Tortenplatte kleben. Das Schokoladenstäbchen in drei Teile brechen und diese vorsichtig auf die Spitze des Wigwams stecken.

4 35 g Rollfondant cremefarben und 7 g braun einfärben. Aus der cremefarbenen Masse zwei tropfenförmige Hände, eine ovale Nase und zwei ovale, leicht eingedrückte Ohren formen. Aus dem Rest einen ovalen Kopf rollen, die Nase daran befestigen und den Mund einschneiden. Den Kopf und die Hände mit Zuckerguss ankleben, evtl. mit einem Zahnstocher fixieren.

5 Die Reste des blauen Rollfondants dünn ausrollen, daraus einen Streifen für das Stirnband schneiden und um die Stirn des Jungen kleben. Für die Federn aus verschiedenfarbigen Resten drei tropfenförmige Stücke formen, platt drücken und mit dem Zahnstocher Linien einritzen. Die Augen anbringen und einige verschieden große braune Fondantstücke als Haare aufkleben.

Stechen Sie mit den Ausstechformen dekorative Muster aus.

Fügen Sie die einzelnen Schichten der Torte mit Buttercreme zusammen.

Rollen Sie die gelbe Rollfondantplatte rund um die Torte ab.

Die weise Eule

Die andere Art, Kinder dazu zu bringen, ihre Rechenaufgaben zu machen

ZUTATEN:

- 1,35 kg Rollfondant
- Lebensmittelfarben: Schwarz, Rot und Gelb
- Etwas Puderzucker zum Ausrollen
- Quadratische Tortenplatte, 30 cm Kantenlänge
- Passendes Stück schwarzes Stoffband
- 1 runder Tortenboden, Durchmesser 18 cm (s. S. 8)
- 315 g Buttercreme
- Zuckerguss oder Eiweiß zum Kleben
- 1 Leibnizkeks

BENÖTIGTE GERÄTE:

- Ausrollstab
- Scharfes Küchenmesser
- Schablone (s. S. 110)
- Runde Ausstechformen, 8 cm, 5 cm und 4 cm Durchmesser
- Große Blütenblatt-Ausstechform
- Ausstechformen für Zahlen

TIPP:

Verteilen Sie die für die Lösungen der Rechenaufgaben erforderlichen Ziffern auf der Tortenplatte, ohne sie festzukleben, und fordern Sie das Kind auf, sie an die richtigen Stellen zu schieben.

1 350 g Rollfondant schwarz einfärben, ausrollen und die Tortenplatte damit überziehen. Überschüssigen Rollfondant an der Kante abschneiden, die Platte mit Stoffband einfassen und zum Trocknen beiseitestellen. Den Keks mit einem Rest schwarzen Fondant überziehen. Den Tortenboden von der Kruste befreien und die Oberfläche plan schneiden. Den Tortenboden entsprechend der Abbildung unten links zuschneiden und mit Buttercreme überziehen.

2 750 g Rollfondant mit roter und gelber Lebensmittelfarbe verkneten, bis die Masse leicht marmoriert ist. 100 g dieser Masse dünn ausrollen und den Tortenboden mit der Rückseite darauflegen. Den Fondant an der Kante des Bodens entlang abschneiden. In gleicher Weise die Vorderseite überziehen. Den Boden auf die Tortenplatte stellen. Weitere 100 g gelbroten Fondant dünn ausrollen, um den Tortenboden auf der Oberseite und an den Seiten zu überziehen.

3 75 g weißen Rollfondant ausrollen und entsprechend der Schablone auf S. 110 die Bauchplatte ausschneiden. 30 g weißen Rollfondant ausrollen und mit der großen Ausstechform das runde Gesicht der Eule ausstechen. Den Kreis oben und unten V-förmig einschneiden. 315 g der gelbroten Masse dünn ausrollen und blütenblattförmige Stücke als Federn ausstechen. Diese Stücke zuerst unten am Körper der Eule ankleben und dann die gesamte Torte damit bedecken, sodass die erste Schicht Rollfondant nicht mehr zu sehen ist.

4 Aus dem restlichen gelbroten Rollfondant zwei spitze Ohren formen und in der Mitte mit dem Finger eine Vertiefung eindrücken. Sechs längliche, tropfenförmige Stücke modellieren und je drei davon als Flügel seitlich an die Eule kleben. 100 g Rollfondant gelb einfärben. Aus jeweils 45 g je drei keulenförmige Stücke für die Füße formen und diese entsprechend der Abbildung an der passenden Stelle befestigen. Aus dem restlichen gelben Fondant zwei unterschiedlich große tropfenförmige Stücke für den spitzen Schnabel formen. Das Oberteil sollte dicker sein als das Unterteil.

5 Den Keks mit Zuckerguss auf den Kopf der Eule kleben. Kleine schwarze Ovale für die Pupillen formen, aus dem ausgerollten schwarzen Fondant zwei Ringe für die Brille ausstechen und schmale schwarze Streifen für die Troddeln schneiden. Zwei kleine weiße Ovale für die Augen modellieren. Alle Dekorationsteile mit Eiweiß an die Eule kleben. Weißen Rollfondant dünn ausrollen, die Zahlen für die Dekoration der Tortenplatte ausstechen und auf die Tortenplatte kleben.

Schneiden Sie den Tortenboden mit einem Küchenmesser in Form.

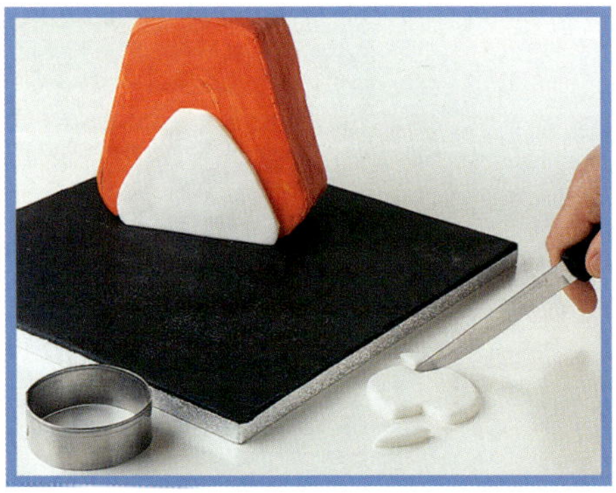

Stellen Sie aus weißem Rollfondant Bauch und Gesicht der Eule her.

Stechen Sie blütenblattförmige Stücke für die Federn der Eule aus.

1+9
+1+2=
6-3=

Arche Noah

Wenn Ihre Zeit knapp ist, verwenden Sie fertige Spielzeug- oder Marzipantiere.

ZUTATEN:

- 1 Tortenboden aus der ovalen 1,5-Liter-Schüsselform
- 1 quadratischer Biskuitboden, 20 cm Kantenlänge (s. S. 9)
- 440 g Buttercreme
- 2 kg Rollfondant
- Lebensmittelfarben: Schwarz, Braun, Gelb, Blau, Rosa und Goldbraun
- Etwas Puderzucker zum Ausrollen
- Zuckerguss oder Eiweiß zum Kleben
- Runde Tortenplatte, 20 cm Durchmesser
- Passendes Stück blaues Stoffband

BENÖTIGTE GERÄTE:

- Scharfes Küchenmesser
- Ausrollstab
- Cocktailspieße/Zahnstocher
- Feiner Pinsel
- Kleine runde Ausstechform
- Kleine Schaumstoffstückchen

TIPP:

Anstatt Rollfondant braun einzufärben, können Sie als leckere Variation auch Schoko-Rollfondant verwenden.

1 Die Tortenböden von der Kruste befreien und die Oberseiten plan schneiden. Den quadratischen Boden in vier gleich große Stücke schneiden und diese exakt übereinandersetzen. Die beiden oberen Stücke beidseitig schräg abschneiden, damit ein Dach entsteht. Die einzelnen Schichten mit Buttercreme zusammensetzen. Den ovalen Boden waagerecht mittig auseinanderschneiden und die beiden Teile mit Buttercreme wieder zusammenfügen. Die Tortenböden rundum mit Buttercreme überziehen.

2 280 g Rollfondant schwarz einfärben. 220 g davon ausrollen und den ovalen Boden mit der Oberseite nach unten daraufstellen. Den überstehenden Fondant rund um die Torte abschneiden und den Boden auf die Tortenplatte stellen.

3 875 g Rollfondant braun einfärben, ausrollen und in 2 cm breite Streifen schneiden. Die Streifen in verschieden lange Stücke schneiden und mit dem Messer so einritzen, dass sie wie Holzplanken aussehen. Den »Schiffsrumpf« mit diesen »Planken« verkleiden. Mit einem Zahnstocher jeweils zwei Löcher in die Enden der Planken stechen. Die Wände der Kajüte nach der gleichen Methode verkleiden. Vier schmalere Streifen zuschneiden und mit Zuckerguss an jeder Seite der Arche als Barkholz ankleben.

4 An den Giebeln der Kajüte je ein rundes Stück Beplankung ausschneiden und die Lücken mit dünn ausgerolltem schwarzem Fondant füllen. Etwas schwarzen Fondant zu einem dünnen Strang rollen und zu einem Ring biegen. Als seitliche Einstiegsluke an die Bordwand kleben.

5 150 g Fondant blassgelb einfärben. 125 g davon für das Dach ausrollen und daraus zwei passende Stücke schneiden. Noch auf der Arbeitsfläche mit dem Küchenmesser einritzen, damit sie aussehen wie ein Strohdach. Dabei nicht zu tief einschneiden. Mit dem Messer die Unterkanten in Fransen schneiden. Die Dachteile auf die Kajüte setzen.

6 185 g Rollfondant blau einfärben, nicht zu dünn ausrollen und die Tortenplatte rund um die Arche damit bedecken. Den Fondant mit den Fingerknöcheln eindrücken, damit ein Wellenmuster entsteht. Überschüssigen Fondant an der Kante abschneiden und die Platte mit Stoffband einfassen.

7 Als Material für die Tiere 170 g Rollfondant gelb, 125 g grau, 30 g rosa, 15 g hellbraun und 15 g goldbraun einfärben. Reste von blassgelbem, schwarzem und weißem Rollfondant bereitlegen.

Fortsetzung nächste Seite

So formen Sie aus gelbem Rollfondant einen Giraffenkopf.

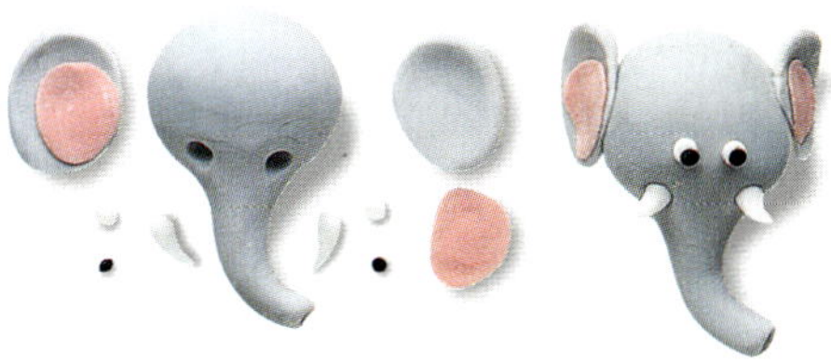

Einzelteile für den Elefantenkopf

Fügen Sie die Tortenteile zusammen.

Verkleiden Sie die Seiten mit Streifen von braunem Rollfondant.

Benutzen Sie ein Küchenmesser für die Erzeugung des Stroheffektes.

8 Jedes Tier entsteht aus einer Rollfondantkugel. Eine lange Schnauze formt man, indem man die Kugel an einer Seite zusammendrückt und mit einer Drehung in die Länge zieht, um ein abgerundetes Ende zu erhalten. Den Giraffenkopf auch auf der Unterseite ausziehen, damit ein Hals entsteht. Den Elefantenrüssel besonders lang ausziehen und darauf achten, dass er zum Ende hin dünner wird.

9 Die Nüstern mit einem Pinselstiel oder einem Zahnstocher einstechen. Lächelnde Mäuler mit einer schräg angesetzten runden Ausstechform einschneiden. Kleine, unregelmäßig geformte und platt gedrückte Streifen aus schwarzem Rollfondant auf die Zebra- und Tigerköpfe kleben. Ein Fleckenmuster, beispielsweise für Giraffen und Schlangen, entsteht aus verschieden großen platt gedrückten Kügelchen.

10 Wenn alle Tiere fertig sind, diese paarweise in die Arche setzen. Zwei Löcher für die Giraffenhälse in das Dach der Kajüte schneiden und die Giraffenköpfe mit Zuckerguss hineinkleben. Die Köpfe während des Trocknens mit untergelegten Schaumstoffstückchen abstützen.

Garnieren Sie die Torte mit verschiedenen Tieren. Die Tiere immer paarweise einsetzen.

Delfine

Zwei hübsche Delfine – die richtige Torte für alle Kinder, die das Meer lieben

ZUTATEN:
- 1,75 kg Rollfondant
- Lebensmittelfarben: Flieder, Dunkelgrün, Dunkelblau, Rosa und Schwarz
- Etwas Puderzucker zum Ausrollen
- Runde Tortenplatte, 35 cm Durchmesser
- 1 Tortenboden aus der Zweiliter-Schüsselform
- 1 Boden aus der Halbliter-Schüsselform (s. S. 9)
- 375 g Buttercreme
- Zuckerguss oder Eiweiß zum Kleben

BENÖTIGTE GERÄTE:
- Ausrollstab
- Küchenmesser
- Modellierstab

Bringen Sie Teile aus grauem Fondant an den Tortenböden an.

1 500 g Rollfondant in vier Teile teilen und diese fliederfarben, dunkelgrün, dunkelblau und rosa einfärben. 15 g dunkelgrüne Zuckermasse beiseitelegen, alles andere verkneten, bis farbige Schlieren entstehen. Die Masse ausrollen und die Tortenplatte damit überziehen. Mit den Fingern kleine Dellen in den Überzug drücken, den überstehenden Fondant an der Kante abschneiden und die Platte zum Trocknen beiseitestellen.

2 Beide Tortenböden von der Kruste befreien. Die durch das Backen entstandene Wölbung nicht abschneiden. Die Oberfläche mit Buttercreme überziehen. Den übrigen Rollfondant mit einer Mischung aus Schwarz und Flieder grau einfärben.

3 Beide Tortenböden nebeneinander auf die Platte setzen. Aus 155 g grauem Fondant eine Tropfenform modellieren und diese als Füllung der Schwanzflosse an die untere Kante des großen Tortenbodens setzen. Aus 60 g grauem Fondant zwei sich beiderseits verjüngende Würste rollen und diese als Grundlage des Gesichts an der gegenüberliegenden Seite des Bodens anbringen. Den restlichen grauen Rollfondant dünn ausrollen und den größeren Delfin damit überziehen. Die Masse gut andrücken, am unteren Rand überschüssigen Fondant abschneiden. Den zweiten Tortenboden auf die gleiche Weise überziehen, nur diesmal 75 g Rollfondant für die Schwanzflosse und 30 g für das Gesicht verwenden.

4 Die Mäuler mit einem Finger vorsichtig nachziehen. Mit dem breiten Ende des Modellierstabes vorsichtig zwei Augenhöhlen in den Fondant drücken. Aus dem restlichen grauen Fondant sämtliche Flossen modellieren, diese mit Zahnstochern und Zuckerguss an den entsprechenden Stellen befestigen. Aus einem erbsengroßen Stück schwarzem Fondant vier kleine Augen formen und einkleben. Aus grünem Fondant die Seetangblätter modellieren und mit Zahnstochern und Zuckerguss um die Delfine herum festkleben.

Bonbontüte

Eine traumhafte Torte, die vor Süßigkeiten überquillt – da bleibt kein Platz für Kerzen

ZUTATEN:

- 1 kg Rollfondant
- Lebensmittelfarben: Rosa, Orange und Gelb
- Etwas Puderzucker zum Ausrollen
- Runde Tortenplatte, 25 cm Durchmesser
- Passendes Stück rotes Stoffband
- 1 quadratischer Tortenboden, 15 cm Kantenlänge (s. S. 8)
- 345 g Buttercreme
- Zuckerguss zum Kleben
- Verschiedene Süßigkeiten (Bonbons, Gummibärchen usw.)

BENÖTIGTE GERÄTE:

- Ausrollstab
- Scharfes Küchenmesser

TIPP:

Sie können die Tüte auch mit Schokoladenbonbons auffüllen und mit Schokoladenstückchen verzieren, anstatt Plättchen aus Rollfondant zu verwenden.

1 750 g Rollfondant rosarot und 185 g orange einfärben. Die gesamte orangefarbene und 185 g der rosa Masse ausrollen und in 2,5 cm breite Streifen schneiden. Abwechselnd rosa und orangefarbene Streifen auf die Tortenplatte legen, überstehenden Fondant an der Kante abschneiden, die Kante mit Stoffband einfassen und die Platte trocknen lassen.

2 Die Kruste vom Tortenboden entfernen und dessen Oberseite plan schneiden. Den Boden halbieren und die Hälften aufeinanderstellen. Mit dem Küchenmesser die Seitenkanten abrunden. Die beiden Böden mit Buttercreme zusammenfügen und die Oberfläche mit Buttercreme überziehen.

3 Den restlichen rosa Fondant ausrollen und ein 42 x 15 cm großes Rechteck ausschneiden. Diesen Streifen vorsichtig aufrollen, mit der Kante an der Torte anlegen, abrollen und die Nahtstelle mit Zuckerguss befestigen.

4 Den oberen Rand mit den Fingern flach drücken und unregelmäßig nach außen ziehen. Dabei zuvor die Finger befeuchten, damit der Fondant nicht reißt und die Ränder glatt bleiben.

5 Die Torte mittig auf die Tortenplatte stellen. Den restlichen Fondant gelb einfärben, dünn ausrollen, je ein längliches Stück für die Vorder- und für die Rückseite der Tüte ausschneiden und diese mit Zuckerguss aufkleben. Mit verschieden großen orange- und rosafarbenen Punkten verzieren.

6 Den oberen Teil so großzügig mit Süßigkeiten füllen, dass er überquillt und die Süßigkeiten auf die Tortenplatte fallen.

Bedecken Sie die Tortenplatte mit Streifen von Rollfondant.

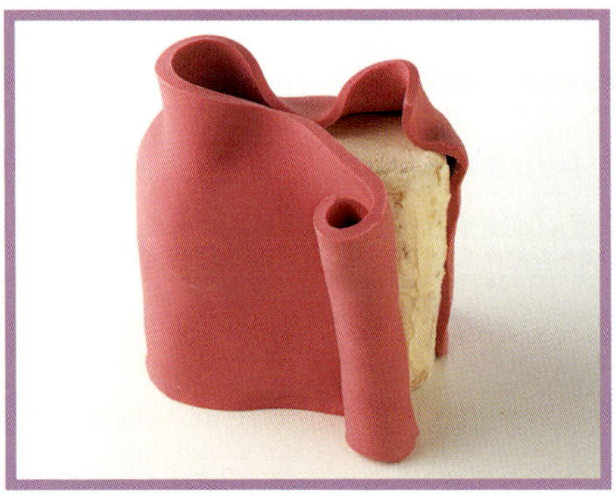

Rollen Sie den Rollfondant um die Torte herum ab.

Drücken Sie Kügelchen aus Rollfondant in die Vorder- und Rückseite der Torte.

Little Bo Peep

»Little Bo Peep« ist einer der beliebtesten englischsprachigen Kinderreime.

ZUTATEN:
- 1 Tortenboden aus der Zweiliter-Schüsselform (s. S. 9)
- 345 g Buttercreme
- Runde Tortenplatte, 30 cm Durchmesser
- 1,5 kg Rollfondant
- Lebensmittelfarben: Gelb, Grün, Blau, Creme und Rosa
- Etwas Puderzucker zum Ausrollen
- Passendes grünes Stoffband
- 60 g Zuckerguss zum Kleben
- Schwarzer Lebensmittelfarbstift

BENÖTIGTE GERÄTE:
- Ausrollstab
- Scharfes Küchenmesser
- Glätter
- Schablonen (s. S. 109)
- Runde Ausstechform, 5 cm Durchmesser
- Cocktailspieß/Zahnstocher
- Gefrierbeutel

TIPP:

Drücken Sie den Saum des Kleides von Little Bo Peep zwischen den Fingern flach. Platzieren Sie den tropfenförmigen Rock so, dass er auf den Beinen aufliegt.

1 Die Kruste vom Tortenboden entfernen und die Oberseite plan schneiden. Den Boden horizontal teilen und mit Buttercreme Teile wieder zusammenfügen. Die Torte auf die Tortenplatte legen und mit Buttercreme überziehen. 1 kg Rollfondant gelbgrün einfärben. Den Fondant ausrollen und Torte und Tortenplatte in einem Stück überziehen. Die Masse gut andrücken, überstehenden Fondant entlang der Kante abschneiden. Die Oberfläche mit dem Glätter bearbeiten. Die Platte mit grünem Stoffband einfassen.

2 Für die Sträucher 400 g Fondant grün einfärben. Die Masse dick ausrollen und entsprechend den Schablonen auf S. 109 in Buschform zurechtschneiden. Die Kanten der Büsche abrunden, glatt streichen und die Büsche mit Zuckerguss auf die Tortenplatte kleben.

3 30 g Rollfondant blau, 7 g cremefarben und 7 g gelb einfärben. Kleid und Schuhe von Little Bo Peep entsprechend der Abbildung unten links modellieren. Die Beine aus cremefarbenem Fondant so formen, dass sie sich zu den Knöcheln hin verjüngen, und mit Zuckerguss auf den Hügel kleben. Das Kleid daraufsetzen und ankleben. Zwei weiße Kügelchen für die Socken, dann zwei blaue für die Füße formen und ebenfalls ankleben. Aus dem ausgerollten weißen Fondant mithilfe der Schablone auf S. 109 die Schürze zurechtschneiden. Mit einem Zahnstocher Falten in die Schürze rollen und die Schürze am Kleid befestigen. Die Ärmel bestehen aus zwei weißen Kügelchen, diese fest auf das Kleid drücken und mit Zuckerguss festkleben. Als Kragen einen Kreis ausstechen, ein V herausschneiden.

4 Für den Kopf cremefarbenen Rollfondant zu einer Kugel rollen, den Mund mit einem Zahnstocher hineinstechen. Eine kleine runde Nase und zwei Arme ausrollen, die am Ende zu Händen abgeflacht werden. Gelben Fondant ausrollen, einen Kreis ausstechen und halbieren. Die eine Hälfte als Vorderteil von Little Bo Peeps Haube nehmen und die Vorderkante dünn ausziehen. Den restlichen gelben Fondant zur Kugel rollen, flach drücken und auf den Hinterkopf kleben. Aus weißem Fondant einen langen Strang rollen und zum Schäferstab formen.

5 Für die Schafe 30 g Rollfondant blassrosa und 7 g kräftig rosa einfärben. Aus der blassrosa Masse fünf Kugeln rollen und etwas tropfenförmig modellieren. Für die Ohren kleinere tropfenförmige Stücke formen und mit Zuckerguss an die Köpfe kleben. Mit einem Zahnstocher eine Kerbe in die Unterseite jedes Kopfes drücken. Dunkelrosa Nasen formen und an die Köpfe kleben. Die Schafe mit Zuckerguss auf die Büsche kleben. Zuckerguss in einen Gefrierbeutel geben, ein kleines Loch in die Ecke schneiden und gelockte Haare auf die Köpfe der Schafe spritzen. Nachdem die Torte getrocknet ist, die kleinen schwarzen Augen aufmalen.

Einzelteile aus Rollfondant für Little Bo Peep

Überziehen Sie die Platte samt Torte mit Rollfondant.

Schneiden Sie nach den Schablonen die Büsche aus.

Mäusehaus

Dieses Mäusehaus in Kürbisform ist einfach und schnell herzustellen.

ZUTATEN:

- 1,5 kg Rollfondant
- Lebensmittelfarben: Blau, Orange, Schwarz, Goldbraun und Grün
- Etwas Puderzucker zum Ausrollen
- Runde Tortenplatte, 30 cm Durchmesser
- Passendes Stück blaues Stoffband
- 2 Tortenböden aus der Zweiliter-Schüsselform (s. S. 9)
- 345 g Buttercreme
- Zuckerguss zum Kleben

BENÖTIGTE GERÄTE:

- Ausrollstab
- Scharfes Küchenmesser
- Glätter
- Kleine runde Ausstechform

Teile für Kopf, Schwanz und Pfoten einer Maus

1 350 g Rollfondant blau einfärben, ausrollen und die Tortenplatte damit überziehen. Den überstehenden Fondant an der Kante abschneiden. Die Tortenplatte mit dem Stoffband einfassen und zum Trocknen beiseitestellen. Die Tortenböden von der Kruste befreien und die Oberseiten plan schneiden. Die beiden Böden mit Buttercreme zu einer Kugel zusammensetzen.

2 Den Tortenboden in Kürbisform zurechtschneiden, dazu in gleichmäßigen Abständen acht 2 cm tiefe Kerben von oben bis unten hineinschneiden. Die Torte dünn mit Buttercreme überziehen.

3 1 kg Rollfondant orange einfärben, ausrollen und die Torte damit überziehen. Die Falten an der Unterseite der Kugel glatt streichen und unter der Torte verstecken oder einfach wegschneiden. Den Fondantmantel vorsichtig andrücken. Die Torte auf die Tortenplatte setzen und mit dem Glätter bearbeiten, bis eine gleichmäßige Oberfläche entstanden ist.

4 Kleine Löcher für die Fenster ausstechen, an diesen Stellen den Fondant entfernen. 15 g Rollfondant schwarz einfärben, dünn ausrollen, auf die gleiche Größe ausstechen und in die entstandenen Öffnungen einsetzen.

5 Für die Mäuse 45 g Rollfondant goldbraun einfärben. Aus je 15 g einen tropfenförmigen Kopf modellieren und unter Drehen eine spitze Schnauze ausziehen. Mit dem Finger Vertiefungen für die Augenhöhlen eindrücken, die Köpfe dann jeweils mit Zuckerguss in ein Fenster kleben. Eventuell mit Zahnstochern feststecken. Mit dem Küchenmesser die kleinen Mäuler einschneiden.

6 Braune, tropfenförmige Ohren modellieren und abflachen. Ein wenig orangefarbenen und goldbraunen Fondant miteinander verkneten, um daraus tropfenförmige Ohrfüllungen und die ovalen Näschen zu modellieren. Aus dem restlichen schwarzen Fondant schwarze Äuglein formen und diese mit Eiweiß in die Augenhöhlen kleben. Braune tropfenförmige Pfötchen formen, ein wenig flach drücken und am dicken Ende auf der Oberseite dreimal einritzen. Lange, dünne, sich zum Ende hin verjüngende Schwänzchen rollen und nach der Abbildung in die Fenster kleben.

7 Den restlichen Fondant grün einfärben und entsprechend der Abbildung unten links daraus Kürbisblätter und -ranken modellieren. Diese dekorativ um den Kürbis auf der Tortenplatte verteilen. Aus dem Rest des blauen Fondants eine Rolle und einen Kegel formen. Beides zu einem Schornstein zusammensetzen und mit Zahnstocker und Zuckerguss seitlich am Kürbis befestigen.

Grüne Stängel und Blätter aus Fondant

Schneiden Sie seitlich acht Kerben in den Tortenboden.

Füllen Sie die Löcher mit runden Stücken aus schwarzem Rollfondant.

Kaufrausch

Eine witzige Idee, die jedem modebegeisterten Teenager gefallen wird

Zutaten:

- Quadratische Tortenplatte, 30 cm Kantenlänge
- Geschenkpapier, möglichst mit holografischem Muster
- 1 Quadratischer Tortenboden, 20 cm Kantenlänge (s. S. 8)
- 315 g Buttercreme
- 1,5 kg Rollfondant
- Lebensmittelfarben: Lila, Blau, Türkis, Grün, Gelb, Creme, Rosa, Schwarz und Rot
- Etwas Puderzucker zum Ausrollen
- Zuckerguss zum Kleben
- Einige Lakritzstangen

Benötigte Geräte:

- Ungiftiger Klebestift
- Ausrollstab
- Scharfes Küchenmesser
- Große herzförmige Ausstechform
- Große Blümchen-Ausstechform
- Cocktailspieß/Zahnstocher
- Feiner Pinsel

1 Die Tortenplatte mit dem Geschenkpapier überziehen (s. S. 7). Den Tortenboden von der Kruste befreien, die Oberseite plan schneiden und das Ganze in vier identische Quader schneiden. Diese so zurechtschneiden, dass sie sich an einem Ende verjüngen, und rundherum mit Buttercreme überziehen.

2 350 g Rollfondant lila, 300 g blau, 300 g türkis, 300 g grün, 25 g gelb und 60 g cremefarben einfärben. Den blauen Fondant ausrollen und in zwei 13 cm große Quadrate schneiden. Jeweils eine ovale Öffnung als Tragegriff hineinschneiden. Einen Tortenbodenquader auf ein blaues Quadrat legen und den Fondant so feststreichen, dass er überall glatt anliegt. Nun das zweite Quadrat auf die Torte legen, andrücken und die Nahtstellen verreiben. Darauf achten, dass die Tragegriffe an der schmalen Kante liegen.

3 Auf die gleiche Weise eine grüne, lila und türkisfarbene Tasche anfertigen, die beiden Letztgenannten ohne Tragegriff. Die Taschen entsprechend der Abbildung auf der Tortenplatte platzieren. Aus 7 g gelbem und Resten des lila Fondants mit den Ausstechformen Herzen und Blümchen ausstechen und diese auf die Taschen kleben. Aus weißem Fondant vier dünne Stränge rollen und diese als Tragekordeln an die türkisfarbene und lila Tasche kleben.

4 45 g Rollfondant rosa einfärben und für das Kleid tropfenförmig modellieren, an der Unterseite etwas flach drücken und leicht umbiegen. Für den Kopf 45 g cremefarbenen Fondant zur Kugel rollen und mit Zuckerguss und einem Zahnstocher am Kleid befestigen. Kleid und Kopf auf der Tortenplatte platzieren und dabei den Kopf an die blaue Tasche kleben.

5 Aus dem restlichen cremefarbenen Fondant Hände und Nase modellieren. Aus Lakritzstangen Arme und Beine zuschneiden und mit Zuckerguss am Kleid fixieren. Aus je 15 g lila Fondant die Plateauschuhe modellieren und an den Beinen anbringen. S-förmige, an einem Ende sich verjüngende Stränge von gelbem Rollfondant ergeben die Haarsträhnen auf dem Kopf des Mädchens. Diese zu beiden Seiten des Kopfes ankleben und die Locken dekorativ aufbiegen.

6 Lila Kügelchen als Verzierung in das Kleid des Mädchens drücken. Für die Augen zwei platt gedrückte weiße Kügelchen aufkleben. Mit dem Pinselstiel eine Vertiefung für den Mund stechen. Mit flüssiger schwarzer und roter Lebensmittelfarbe und einem feinen Pinsel Pupillen, Wimpern und Brauen in Schwarz, den Mund in Rot aufmalen. Die Reste des Fondants dünn ausrollen, locker aufeinanderlegen und als Kleider in die Öffnungen der Beutel stecken.

Teile aus Fondant für das Mädchen

Die Torte in vier identische Quader teilen und die Kanten zurechtschneiden.

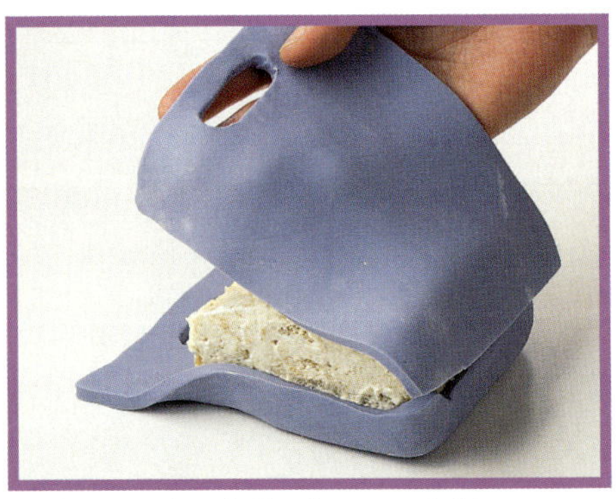

Die Tortenstücke mit Quadraten aus farbigem Rollfondant überziehen.

Kleiner Fußballer

Die Schokoladenfußbälle im Netz machen diese Torte zu einem Volltreffer.

ZUTATEN:

- 1 RunderTortenboden, 20 cm Durchmesser
- 410 g Buttercreme
- Runde Tortenplatte, 30 cm Durchmesser
- 1,15 kg Rollfondant
- Lebensmittelfarben: Grün, Rot, Creme, Schwarz und Braun
- etwas Puderzucker zum Ausrollen
- Passendes Stoffband
- Zuckerguss zum Kleben
- Lebensmittel-Farbstift schwarz
- Einige Schokoladenfußbälle

BENÖTIGTE GERÄTE:

- Ausrollstab, Glätter
- Scharfes Küchenmesser
- Kleine runde Ausstechform
- Cocktailspieß/Zahnstocher mit abgeflachter Spitze
- Silbernes Netz
- Klebeband

TIPP:

Wenn die Torte für einen fußballbegeisterten Jungen bestimmt ist, gestalten Sie das Trikot in den Farben seines Lieblingsvereins. Wenn Sie das Silbernetz in Ihrem Bastelgeschäft nicht bekommen, können Sie es auch weglassen.

Einzelteile für den Fußballspieler

1 Die Kruste vom Tortenboden entfernen und diesen oben plan schneiden. Den Boden quer halbieren und mit Buttercreme wieder zusammensetzen. Die Torte mit Buttercreme überziegen und diese an der Unterkante wegkratzen, damit beim Überziehen mit Rollfondant kein Wulst entsteht. Die Torte mittig auf die Tortenplatte setzen.

2 1 kg Rollfondant grün einfärben, die Masse auf einer mit Puderzucker bestreuten Arbeitsfläche dünn ausrollen und die Torte samt Tortenplatte damit überziehen. Mit einem scharfen Messer den überstehenden Fondant entlang der Plattenkante abschneiden. Mit dem Glätter die Oberfläche glatt streichen. Die Platte mit passendem Stoffband umkleben.

3 Aus 22 g weißem Rollfondant entsprechend der unten stehenden Abbildung die Hose des Fußballers modellieren. 45 g Rollfondant rot einfärben und aus 35 g davon das Trikot formen. Falten und Grate sorgfältig glätten. Eine Höhlung in die Unterseite des Trikots drücken und mit Zuckerguss auf die Hose kleben. Aus einem flachen, kreisförmigen Stück weißem Rollfondant ein V-förmiges Stück ausschneiden und als Kragen festkleben. Aus dem gleichen Material das Vereinsemblem ausschneiden und ankleben. Weiße Socken modellieren und an den Enden gerade abschneiden.

4 30 g Fondant cremefarben einfärben und daraus Kopf, Nase, Ohren und Knie des Fußballspielers sowie zwei Würste für die Arme modellieren. Für die Hände die Arme jeweils zwischen den Fingerspitzen an einem Ende leicht ausziehen und flach drücken. Mit der Fingerspitze eine kleine Vertiefung für die Ohrmuscheln drücken. Mit einem schräg angesetzten Apfelausstecher den Mund einschneiden und mit einem Zahnstocher in den Mundwinkeln Grübchen einstechen.

5 Aus rotem bzw. weißem ausgerolltem Fondant die Bündchen der Socken und der Ärmel ausschneiden und diese festkleben. Ovale Augäpfel formen und einsetzen. Mit schwarzem Lebensmittelfarbstift die Pupillen aufmalen. 7 g Rollfondant schwarz einfärben, die ovalen Fußballschuhe modellieren und an der Figur festkleben. Etwas Fondant braun einfärben, ausrollen und daraus kleine Streifen für die Haare schneiden, auf dem Kopf ankleben und mit dem Zahnstocher einen Mittelscheitel ziehen.

6 Das silberne Netz seitlich so über Torte und Tortenplatte legen, dass es 2,5 cm über die Kante der Tortenplatte übersteht. Den Überstand umschlagen und mit kräftigem Klebeband an der Unterseite der Platte ankleben. Die Schokoladenfußbälle auf der Tortenplatte verteilen, einen davon mit Zuckerguss in den Händen des Fußballspielers ankleben.

Glätten Sie die Oberfläche der Torte mit dem Spachtel.

Befestigen Sie das Netz mit starkem Klebeband an der Unterseite der Tortenplatte.

Fleißige Bienchen

Fleißige Bienchen an einem Bienenstock – eine besondere Geburtstagstorte

ZUTATEN:

- 1,35 kg Rollfondant
- Lebensmittelfarben: Grün, Gelb und Schwarz
- etwas Puderzucker zum Ausrollen
- Runde Tortenplatte, 25 cm Durchmesser
- Passendes schwarzes Stoffband
- 1 runder Tortenboden, 20 cm Durchmesser
- 1 runder Tortenboden, 15 cm Durchmesser
- 440 g Buttercreme
- Zuckerguss und Eiweiß zum Kleben

BENÖTIGTE GERÄTE:

- Ausrollstab
- Scharfes Küchenmesser
- Kleine runde Ausstechform (Apfelausstecher)
- Tropfenförmige Ausstechform, ersatzweise Blütenform mit runden Blättern
- Große Gänseblümchen-Ausstechform

TIPP:

Blütenausstecher gibt es in einer fast unüberschaubaren Vielfalt. Verwenden Sie, was Sie im Haushalt haben. Blütenausstecher mit runden Blütenblättern können auch für die Bienenflügel nützlich sein: Einfach eine Blüte in ihre Segmente zerschneiden.

1 Reichlich 300 g Rollfondant grün einfärben, auf einer mit Puderzucker bestreuten Arbeitsfläche ausrollen und die Tortenplatte damit überziehen. Überstehenden Fondant entlang der Kante abschneiden, die Platte mit schwarzem Stoffband einfassen und zum Trocknen beiseite stellen. Die Tortenböden von der Kruste befreien und die Oberseiten plan schneiden.

2 Den großen Tortenboden waagerecht teilen und die Kanten beider Stücke so abrunden, dass einer der beiden deutlich kleiner wird als der andere. Mit dem kleineren Boden genauso verfahren. Die vier Stücke mit Buttercreme zusammenfügen, sodass die Form eines Bienenstocks entsteht. Am unteren Rand der Torte ein kleines keilförmiges Stück für den Eingang ausschneiden. Die ganze Torte mit Buttercreme überziehen.

3 1 kg Rollfondant gelb einfärben. 30 g davon zu einer flachen Kalotte formen und als Spitze auf die Torte setzen. 875 g gelben Rollfondant ausrollen und die ganze Torte damit überziehen. Dabei den Fondant vorsichtig in die Stufen drücken und alles glatt streichen. Überstehenden Fondant entlang der Unterkante abschneiden und die Torte mittig auf die Tortenplatte setzen.

4 Etwas gelben Fondant beiseitelegen und aus dem Rest ovale Bienchen modellieren. Mit einem schräg angesetzten runden Apfelausstecher die halbrunden Mäulchen einschneiden und die Bienen mit Zuckerguss auf den Bienenstock kleben.

5 Einen Teil der gelben Reste schwarz einfärben und dünn ausrollen. Ein passendes Stück für den Eingang zuschneiden und einsetzen. Schwarze Streifen für die Bienen zurechtschneiden. Anschließend winzige schwarze Kügelchen als Bienenaugen rollen. Die schwarzen Kleinteile mit Eiweiß an den entsprechenden Stellen an die Bienchen kleben.

6 Weißen Fondant ausrollen und mit einem tropfenförmigen Ausstecher Flügel für die Bienchen ausstechen. Die Flügel paarweise hinter den ersten schwarzen Ring einer Biene kleben.

7 Mit einer passenden Ausstechform Blüten ausstechen. Jeweils eine Delle ins Blütenzentrum drücken und die Tortenplatte mit den Blüten dekorieren. Zuletzt je eine platt gedrückte gelbe Kugel in die Mitte einer jeden Blüte drücken.

Einzelteile für die Bienchen

Fügen Sie die Tortenböden mit Buttercreme zusammen.

Stechen Sie mit einer passenden Ausstechform die Gänseblümchen aus.

Bauklötze

Mit der Puppe und den Bauklötzen kann man das Zählen lernen.

Zutaten:

- 1,75 kg Rollfondant
- Lebensmittelfarben: Rot, Creme und Gelb
- Etwas Puderzucker zum Ausrollen
- Runde Tortenplatte, 30 cm Durchmesser
- 2 quadratische Tortenböden, 15 cm Kantenlänge (s. S. 8)
- 470 g Buttercreme
- Liebesperlen
- Zuckerguss und Eiweiß zum Kleben

Benötigte Geräte:

- Ausrollstab
- Scharfes Küchenmesser
- Mittlerer Pinsel
- 2 Glätter
- Kleine runde Ausstechform
- Cocktailspieß/Zahnstocher

1 375 g Rollfondant rosa einfärben, ausrollen und die Tortenplatte damit überziehen. Die Kante mit passendem Stoffband einfassen und das Ganze trocknen lassen. Die Tortenböden von den Krusten befreien und die Oberseiten plan schneiden. Die Böden in jeweils vier gleich große Quader schneiden und diese paarweise mit Buttercreme zu Würfeln zusammenfügen. Die vier Würfel mit Buttercreme überziehen. 1,25 kg Rollfondant cremefarben einfärben, portionsweise ausrollen, einen Würfel daraufsetzen und den Fondant an der Würfelkante abschneiden. Auf diese Weise die sechs Seiten eines jeden Würfels verkleiden.

2 Die Liebesperlen auf einen Teller schütten und die Würfel damit Seite um Seite verzieren. Dazu die Kanten der Würfel mit Eiweiß einstreichen und je eine Ziffer in die Mitte einer Würfelfläche malen. Die bestrichene Würfelfläche sofort in die Liebesperlen drücken. Die verzierten Würfel am besten mithilfe zweier Glätter anfassen, damit die Liebesperlen nicht abgestreift werden. Je eine Seite der Würfel als Unterseite unverziert lassen. Die fertig verzierten Würfel mit Zuckerguss auf die Tortenplatte kleben.

3 Für die Stoffpuppe 90 g Fondant mit roter Lebensmittelfarbe kräftig rosa einfärben, 15 g cremefarben und schließlich 7 g gelb einfärben. Aus 75 g dunkelrosa Fondant das Kleid entsprechend dem Bild links modellieren und die Unterkante des Kleids zwischen den Fingern ausziehen, sodass sie dünn und unregelmäßig wird. Aus dem Rest des rosa Fondants zwei ovale Schuhe, zwei Kugeln als Ärmel, einen flachen Kreis als Kragen sowie zwei Schleifchen modellieren.

4 Schuhe und Kragen mit Eiweiß bestreichen und beides in die Liebesperlen drücken. Einen Strang aus hautfarbenem Fondant rollen und daraus die Beine herstellen. In gleicher Weise die beiden Arme modellieren und je ein Ende für die Hände abflachen und runden. Die Einzelteile der Puppe mit Zuckerguss zusammenfügen. Aus dem cremefarbenen Fondant einen runden Kopf rollen, mit der kleinen runden Ausstechform einen Mund und mit dem Ende des Pinselstiels Mundwinkel hineindrücken. Ein Näschen modellieren und ankleben und für die Augen zwei Liebesperlen eindrücken.

5 Kleine gelbe Fondantstückchen als Haare auf den Kopf der Puppe kleben. Aus dem gleichen Material dünne Stränge ausrollen und mit dem Zahnstocher ein Zopfmuster hineindrücken. Die Zöpfe samt Schleifchen an den Kopf der Puppe kleben. Den Saum des Kleides und den Rand der Tortenplatte mit Liebesperlen verzieren und die Wangen mit etwas verdünnter roter Lebensmittelfarbe bemalen.

Einzelteile für die Stoffpuppe

Die Tortenteile mit Buttercreme zu Würfeln zusammenfügen.

Einen Würfel auf den ausgerollten Fondant stellen und um die Kante herum schneiden.

Die mit Eiweiß bestrichenen Würfel in die Liebesperlen drücken.

Tapsiger Dino

Ein großer, gefährlicher Dinosaurier? Dieser hier grinst einfach zu lustig …

ZUTATEN:

- 1,4 kg Rollfondant
- Lebensmittelfarben: Gelb, Blau und Schwarz
- Etwas Puderzucker zum Ausrollen
- Runde Tortenplatte, Durchmesser 30 cm
- Passendes Stoffband
- 1 Tortenboden aus der Zweiliter-Schüsselform (s. S. 9)
- 345 g Buttercreme
- Zuckerguss zum Kleben

BENÖTIGTE GERÄTE:

- Ausrollstab
- Scharfes Küchenmesser
- Glätter
- Plastikstab oder Zahnstocher
- Feiner Pinsel

TIPP:

Wenn Sie ein großes Stück Rollfondant ausgerollt haben, heben Sie es auf, indem Sie es über den Ausrollstab schlagen. Dann lässt sich der Fondant leichter auf der Torte platzieren.

1 375 g Rollfondant gelb einfärben, ausrollen und die Tortenplatte damit überziehen. Den überstehenden Fondant entlang der Kante abschneiden und die Platte zum Trocknen beiseite stellen. Die Kruste vom Tortenboden entfernen und die Oberseite plan schneiden, den Boden auf die Schnittseite stellen, quer in zwei Teile schneiden und mit Buttercreme wieder zusammenfügen. Die Torte dünn mitt der restlichen Buttercreme bestreichen.

2 1 kg Rollfondant blau einfärben. 750 g davon ausrollen und die ganze Torte damit überziehen. Die Falten herausstreichen und den Fondant mit dem Glätter bearbeiten. Den überschüssigen Fondant am unteren Rand abschneiden und die Torte mittig auf die Tortenplatte stellen.

3 Aus 90 g blauem Fondant den Hals des Dinosauriers wie auf der Abbildung modellieren und dabei die Ansatzstelle abschrägen und so ausformen, dass der Hals gut an der Kugelform des Rumpfes anliegt. Einen Plastikstab oder Zahnstocher in den Hals stecken, diesen auf den Rumpf stecken und mit Zuckerguss ankleben.

4 Aus 60 g blauem Fondant eine Kugel für den Kopf des Dinosauriers rollen und diese an einer Seite zu einer abgerundeten Schnauze ausziehen. Mit dem Pinselstiel eine breite Rille längs über den Scheitel ziehen und die Augenpartien mit den Fingern glätten. Mit dem Küchenmesser ein breit lächelndes Maul einritzen und mit dem Pinselstiel die Grübchen in den Mundwinkeln und die Nasenlöcher einstechen.

5 Einen weiteren Zahnstocher von oben in den Hals stecken, den Kopf daraufsetzen und mit Zuckerguss ankleben. Etwas Rollfondant schwarz einfärben. Zwei kleine weiße Kugeln rollen und plattdrücken. Zwei noch kleinere schwarze Kugeln rollen und platt drücken. Erst die weißen, dann die schwarzen als Augen in die Augenhöhlen kleben. Den Rest des gelben Fondants dünn ausrollen, unregelmäßige Flecken ausschneiden und den Rücken des Dinos damit verzieren.

6 Die restliche blaue Masse in zwei Hälften aufteilen. Aus der einen Hälfte eine dicke, am einen Ende spitz zulaufende Wurst modellieren und diese als Schwanz an das Hinterteil des Dinosauriers kleben. Den verbliebenen Fondant in vier Teile teilen und daraus tropfenförmige Dinosaurierfüße modellieren. Mit dem Pinselstiel die Zehen des kleinen Dinosauriers andeuten und die Beine mit Zuckerguss seitlich an den Rumpf kleben.

Einzelteile aus Rollfondant für den Kopf des Dinosauriers.

Benutzen Sie den Spachtel, um eine vollkommen glatte Oberfläche zu erzielen.

Stechen Sie den Plastikstab oder einen Zahnstocher zur Stabilisierung des Halses in die Torte.

Zirkusclown

Ein lustiges und glückliches Clownsgesicht kommt auf allen Kinderfesten gut an.

ZUTATEN:

- 2 kg Rollfondant
- Lebensmittelfarben: Gelb, Creme, Schwarz, Orange, Rot, Blau und Grün
- Etwas Puderzucker zum Ausrollen
- Runde Tortenplatte, 35 cm Durchmesser
- Passendes blaues Stoffband
- 1 Tortenboden aus der Dreiliter-Schüsselform (s. S. 9)
- 220 g Buttercreme
- Zuckerguss zum Kleben

BENÖTIGTE GERÄTE:

- Ausrollstab
- Scharfes Küchenmesser
- Glätter
- Schablonen (s. S. 108)

TIPP:

Halbkugelförmige Torten müssen besonders gut mit dem Glätter bearbeitet werden, weil Unebenheiten sofort auffallen.

1 470 g Rollfondant gelb einfärben, auf einer mit Puderzucker bestreuten Arbeitsfläche ausrollen und die Tortenplatte damit überziehen. Überstehenden Fondant an der Kante abschneiden, die Tortenplatte mit passendem Stoffband einfassen und zum Trocknen beiseitestellen.

2 Den Tortenboden von der Kruste befreien und die Oberseite plan schneiden. Den Tortenboden mit Buttercreme überziehen. 470 g Rollfondant cremefarben einfärben, ausrollen und die Torte damit überziehen. Überschüssige Masse am unteren Rand vorsichtig entfernen und die Torte mittig auf die Tortenplatte setzen.

3 45 g weißen Rollfondant dünn ausrollen und entsprechend den Schablonen auf S. 108 Augen und Mund ausschneiden. Beides mit Zuckerguss an den entsprechenden Stellen befestigen. Mit dem Finger den lächelnden Mund als breite Rille in den Fondant drücken, links und rechts eine Mulde hineindrücken. 7 g Rollfondant schwarz einfärben, dünn ausrollen und daraus vier schmale Streifen schneiden. Diese mit Zuckerguss jeweils kreuzweise über die Augen des Clowns kleben.

4 Für das Haar des Clowns zunächst 440 g Rollfondant orange einfärben, dick ausrollen und in 5–7 cm lange Streifen schneiden. Diese Streifen, an den Seiten beginnend, um das Gesicht des Clowns herum auf die Torte kleben. Zuletzt die Streifen auf der Stirn ankleben. 140 g Fondant rot einfärben, zu einer Kugel rollen und in der Mitte der Torte eindrücken. Dann mit etwas Zuckerguss als Nase aufkleben.

5 250 g Rollfondant blau einfärben, ausrollen und entsprechend der Schablone auf S. 108 eine Hutkrempe ausschneiden. Aus 75 g blauem Fondant eine Kugel für den oberen Teil des Hutes rollen und auf einer Seite platt drücken. Ein wenig rote Masse ausrollen und daraus einen Streifen als Hutband ausschneiden. Aus Resten von gelbem Fondant tropfenförmige Stücke formen und als Blütenblätter flach drücken. Mit Zuckerguss auf dem Kopf des Clowns blütenförmig aufkleben. Eine kleine rote Kugel rollen, flach drücken und als Blütenzentrum auf die Blüte kleben.

6 Den restlichen blauen Fondant ausrollen und daraus für den Kragen ein Stück von 2 x 10 cm Größe ausschneiden. Den Kragen mit Zuckerguss an den unteren Rand der Torte kleben und den Rand wellenförmig modellieren. Den restlichen Fondant grün färben. Daraus und aus den Resten der gefärbten Zuckermassen Bälle rollen und diese rings um das Clownsgesicht auf der Tortenplatte festkleben.

Einzelteile aus Rollfondant für den Clownshut

Kleben Sie Augen und Mund des Clowns an den entsprechenden Stellen fest.

Gestalten Sie das Haar des Clowns aus Rollfondantstreifen.

Beim Zelten

Alle Kinder lieben es, ab und zu draußen im Garten zu schlafen.

Zutaten:
- 1 quadratischer Tortenboden, 20 cm Kantenlänge (s. S. 8)
- 410 g Buttercreme
- 1,35 kg Rollfondant
- Lebensmittelfarben: Schwarz, Blau, Marineblau, Gelb, Grün, Creme, Braun und Orange
- Etwas Puderzucker zum Ausrollen
- Zuckerguss zum Kleben
- Runde Tortenplatte, 30 cm Durchmesser

Benötigte Geräte:
- Ausrollstab
- Scharfes Küchenmesser
- Gabel
- Kleine runde Ausstechform
- Cocktailspieß/Zahnstocher

1 Den Tortenboden von der Kruste befreien und die Oberseite plan schneiden. Den Boden horizontal in zwei Hälften schneiden und diese aufeinanderlegen. Das obere Stück von der Mitte ausgehend keilförmig zuschneiden und die Abschnitte so zu beiden Seiten des unteren Bodens anlegen, dass eine Zeltform entsteht. Die Dachseiten leicht nach innen gewölbt zuschneiden und die einzelnen Teile mit Buttercreme zusammenfügen. Die ganze Torte dünn mit Buttercreme überziehen.

2 90 g Rollfondant schwarz einfärben, dünn ausrollen und zwei dreieckige Stücke für die Giebelseiten des Zelts ausschneiden. 90 g Rollfondant dunkelblau einfärben, dünn ausrollen und zu dreieckigen Stücken für Ein- und Ausgang schneiden. Mit Zuckerguss entsprechend dem Bild unten rechts an die Giebelseiten kleben und drapieren. 20 g Fondant gelb einfärben, zu einem dünnen Strang rollen und diesen als Saum an den Zelteingang kleben. 625 g Rollfondant blau einfärben, ausrollen und daraus ein großes Stück für das Überzelt ausschneiden. Aus Resten eine Kugel rollen und diese seitlich an die Unterkante des Zeltes legen, damit hier eine Ausbuchtung entsteht, aus der der Junge den Kopf herausstrecken kann. Das »Überzelt« passend zuschneiden und die Torte damit überziehen.

3 280 g Rollfondant grün einfärben, kleine Stücke ausrollen und diese so auf die Tortenplatte legen, dass sie vollständig bedeckt ist. Nun mit den Zinken einer Gabel ein Muster hineindrücken, das an eine Wiese erinnert. Je ein 22 g schweres Stück Rollfondant marineblau bzw. rot einfärben. Formen Sie daraus jeweils zwei keilförmige Stücke, und fügen Sie diese an den Enden so zusammen, dass sie aussehen wie die Kopfenden zweier Schlafsäcke, und streichen Sie so zurecht, dass Sie darin die Köpfe platzieren können.

4 75 g Rollfondant cremefarben, 45 g braun, 60 g hellbraun und 7 g orange einfärben. Für den blonden Jungen 30 g cremefarbene Masse zu einer Kugel rollen. Mit der kleinen runden Ausstechform einen Mund hineinschneiden und mit dem Zahnstocher zwei Grübchen eindrücken. Eine cremefarbene Nase und Hände, weiße Augen, schwarze Pupillen formen und ins Gesicht kleben. Aus gelbem Fondant flache Stückchen für das Haar schneiden, auf die Kugel kleben und zur Stirn hin ausziehen. Die Köpfe der anderen Jungen auf die gleiche Weise gestalten und alle der Abbildung entsprechend auf die Tortenplatte kleben.

5 Für den Hund den hellbraunen Rollfondant verwenden. Die Einzelteile entsprechend der Abbildung links modellieren. Erst die Pfoten jeweils auf den Kopf eines der Jungen kleben. Dann den Kopf dazwischen kleben und mit den übrigen Teilen garnieren. Ein kleines Rechteck aus braunem Fondant schneiden und mit dem Küchenmesser so einritzen, dass es wie eine Tafel Schokolade aussieht. Diese entsprechend der Abbildung ankleben.

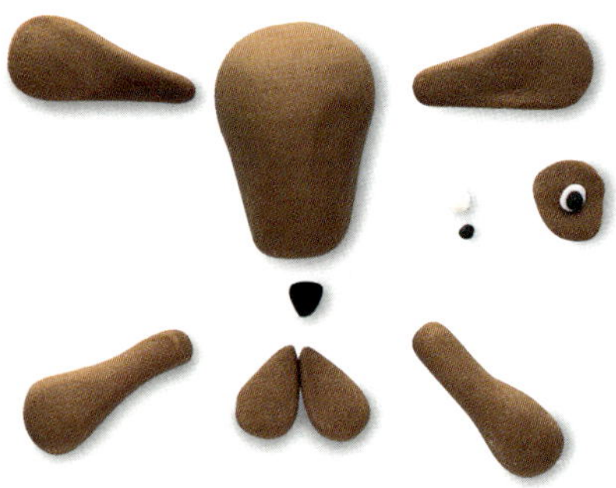

Setzen Sie den Kopf des Hundes aus braunem Rollfondant zusammen.

Formen aus Rollfondant für die Köpfe der Jungen

Setzen Sie die keilförmigen Stücke, die Sie vom Boden weggeschnitten haben, an den Seiten an.

Bestreichen Sie die Torte mit Buttercreme, befestigen Sie die Teile für die Giebelseiten.

Schweinestall

Eine lustige Idee – nicht nur für Leute, die Schweinebraten mögen

ZUTATEN:

- 1 quadratischer Tortenboden, 25 cm Kantenlänge (s. S. 8)
- 500 g Buttercreme
- 1,5 kg Rollfondant
- Lebensmittelfarben: Braun, Gelb, Schwarz, Rosa und Grün
- Etwas Puderzucker zum Ausrollen
- Zuckerguss zum Kleben
- Quadratische Tortenplatte, 20 cm Kantenlänge
- Passendes Stoffband
- 1–2 Teelöffel klarer Zuckerguss

BENÖTIGTE GERÄTE:

- Ausrollstab
- Scharfes Küchenmesser
- Runde Ausstechform, 2,5 cm Durchmesser
- Cocktailspieß/Zahnstocher
- Feine Metallreibe
- Ausstecher in Blütenform (s. S. 5)

TIPP:

Sie können auch selbst gemachten Schokoladenfondant nehmen.

Einzelteile aus Rollfondant für Kopf, Ohren und Schnauze eines Schweins

1 Den Tortenboden von der Kruste befreien und die Oberseite plan schneiden. Den Boden in vier gleich große Teile schneiden. Aus den beiden oberen Stücken ein zu beiden Seiten schräg abfallendes Satteldach schneiden. Die einzelnen Teile vorsichtig nacheinander mit Buttercreme zusammenfügen und die Oberfläche vollständig mit Buttercreme überziehen.

2 875 g Rollfondant braun einfärben, auf mit Puderzucker bestreuter Arbeitsfläche ausrollen, den Tortenboden seitlich darauflegen und den Fondant an der Kante entlang abschneiden. Die Torte vorsichtig abheben und mit dem Küchenmesser ein Holzmuster in den braunen Fondant ritzen. Auf die gleiche Weise die übrigen Seiten der Torte überziehen. Die Nahtstellen mit Zuckerguss ausfüllen.

3 Die Stöße der Bretter durch unregelmäßige Schnitte mit dem Küchenmesser andeuten. Dann ein Türchen in die Vorderseite des Stalles und ein Loch in eine Seitenwand schneiden und an diesen Stellen den braunen Fondant entfernen.

4 375 g Rollfondant gelb einfärben, ausrollen und mit etwas Übermaß ein rechteckiges Stück für das Dach ausschneiden. Mit dem Küchenmesser senkrechte Ritzen einschneiden, um ein Strohdach zu imitieren, dann den Rand des Daches flach ausziehen und leicht kräuseln. Die Platte vorsichtig aufnehmen und über die Torte legen. Noch mehr Ritzen in das Dach scheiden, damit es am Rand fransig aussieht, und aus der Vorderseite ein Stück Fondant ausschneiden.

5 30 g Fondant schwarz einfärben, dünn ausrollen und daraus kleine Stücke schneiden, um die Löcher in der Vorderwand, der Seitenwand und dem Dach zu füllen. Die Torte auf die Tortenplatte setzen, die restliche braune Masse zu einem Streifen ausrollen und die Fläche um die Torte damit bedecken. Mit den Fingern eine unregelmäßige Struktur hineindrücken und den überstehenden Fondant an der Kante entlang abschneiden. Den Tortenboden mit einem passenden Stoffband einfassen.

6 15 g Rollfondant grün einfärben und auf einer Metallreibe zu kleinen »Grashalmen« reiben. Rund um den Stall einige Stellen mit Eiweiß einstreichen und mit dem »Gras« bestreuen. Leicht andrücken.

Fortsetzung nächste Seite

Fügen Sie die einzelnen Biskuitschichten mit Buttercreme zusammen.

Ritzen Sie Linien in die Masse, um den Eindruck einer Bretterwand zu vermitteln.

Ritzen Sie ein Strohdachmuster in den gelben Rollfondant.

Reiben Sie grünen Rollfondant fein, um Grashalme nachzuahmen.

7 Die Reste des gelben Fondants ausrollen. In kleine Streifen schneiden und als »Stroh« auf der Tortenplatte verteilen. Etwas weißen Fondant ausrollen, Blüten ausstechen und ebenfalls verteilen. Kleine gelbe Kügelchen in die Mitte der Blüten setzen. Klaren Zuckerguss als »Schlamm« auf der Tortenplatte verteilen.

8 125 g Rollfondant rosa und 15 g altrosa einfärben. Für jeden Schweinekopf eine rosa Kugel rollen und mit dem schräg angesetzten runden Ausstecher ein lächelndes Maul hineindrücken. Mit einem Zahnstocher die Augen einstechen. Aus rosa Fondant dreieckige Ohren modellieren und an der Spitze leicht aufbiegen. Aus altrosa Fondant ovale Rüssel formen und mit dem Zahnstocher Nasenlöcher einstechen.

9 Mehrere Schweine mit Zuckerguss zusammenkleben und rings um den Schweinestall verteilen. Mit dem Küchenmesser eine rosa Kugel einschneiden – daraus wird der Schweinehintern. Einen dünnen Strang ausrollen und zu einem Ringelschwanz formen. Zwei kleine Füßchen modellieren. Das Schweinehinterteil vor der Eingangstür festkleben und die Füßchen und den Schwanz ankleben.

Platzieren Sie die Schweineköpfe um das Häuschen herum, und lassen Sie zwei Köpfe aus der Dachluke schauen.

Piratenflagge

Kleine Piraten werden beim Anblick dieser Piratenflagge ins Staunen geraten.

ZUTATEN:
- 2 kg Rollfondant
- Schwarze Lebensmittelfarbe
- Etwas Puderzucker zum Ausrollen
- Quadratische Tortenplatte, 35 cm Kantenlänge
- Passendes schwarzes Stoffband
- 2 runde Tortenböden, 20 cm und 15 cm Durchmesser (s. S. 9)
- 375 g Buttercreme
- Zuckerguss zum Kleben

1 625 g Rollfondant schwarz einfärben, 500 g ausrollen und die Tortenplatte damit überziehen. Überstehenden Fondant an der Kante abschneiden. Die Tortenplatte mit schwarzem Stoffband einfassen und trocknen lassen.

2 Die Tortenböden von der Kruste befreien und die Oberseiten plan schneiden. Jeden Boden seitlich 2,5 cm tief abschneiden und die Oberkanten der Böden abrunden. Die Böden mit Buttercreme überziehen und an den seitlichen Schnittflächen auf Stoß auf die Tortenplatte setzen.

3 1 kg weißen Rollfondant ausrollen und die Torte vollständig damit überziehen. Überschüssige Fondantmasse entlang der unteren Kante entfernen. Entsprechend den Schablonen auf S. 109 Augen, Nase und Mund aus der Oberseite der Torte ausschneiden. Schwarzen Fondant dünn ausrollen, passende Stücke ausschneiden und die Lücken damit füllen. Aus weißem Fondant zwei Kugeln für die Augen formen, flach drücken und festkleben. Etwas weißen Fondant ausrollen, die Zähne ausschneiden und ebenfalls mit Zuckerguss aufkleben.

4 Für die Knochen vier dicke Stränge aus weißem Fondant mit jeweils einem dicken, abgerundeten Ende formen. Die Enden jeweils leicht einschneiden, Grate und Rillen entfernen und die Knochen dann zu beiden Seiten des Schädels auf die Tortenplatte kleben.

Füllen Sie Augen, Nase und Mund mit schwarzem Rollfondant.

Eisenbahn

Dieser bis zum Rand mit Süßigkeiten beladene Zug fährt direkt zum Festtagstisch.

ZUTATEN:

- 1,5 kg Rollfondant
- Lebensmittelfarben: Rosa, Blau und Schwarz
- Etwas Puderzucker zum Ausrollen
- Sechseckige Tortenplatte, 30 cm Durchmesser
- Passendes Stoffband
- Quadratischer Tortenboden, 18 cm Kantenlänge (s. S. 8)
- 440 g Buttercreme
- Zuckerguss zum Kleben
- Sortiment Lakritzbonbons
- Lakritzstangen
- Lakritzschnecken

BENÖTIGTE GERÄTE:

- Ausrollstab
- Scharfes Küchenmesser

TIPP:

Polieren Sie die Oberflächen aus Fondant mit den Händen. Damit entfernen Sie überschüssigen Puderzucker und geben der Oberfläche Glanz.

1 500 g Rollfondant rosa einfärben, auf einer mit Puderzucker bestreuten Arbeitsfläche ausrollen und die Tortenplatte damit überziehen. Den überstehenden Fondant an der Kante abschneiden, die Tortenplatte mit passendem Stoffband einfassen und zum Trocknen beiseitestellen.

2 Vorsichtig die Kruste vom Tortenboden entfernen und die Oberseite plan schneiden. Seitlich ein 8 cm breites Stück vom Tortenboden abschneiden und dieses wiederum in zwei Teile von 7 cm und 10 cm Länge schneiden. Das längere Stück hochkant an die Schmalseite des kleineren Stückes stellen und an der Oberseite für die Dachwölbung halbrund beschneiden. Den restlichen Tortenboden für die Waggons in drei gleiche Teile schneiden.

3 Die Teile der Lok mit Buttercreme zusammenfügen und alle Biskuitstücke damit überziehen. 875 g Rollfondant blau einfärben. 375 g davon ausrollen und die Lokomotive damit überziehen. Den Fondant glatt andrücken und die überschüssige Masse an der Unterkante abschneiden. Mit der restlichen blauen Masse auf gleiche Weise die drei Waggons überziehen.

4 Den restlichen Rollfondant schwarz einfärben, ausrollen, daraus ein Rechteck passender Größe ausschneiden und dieses mit Zuckerguss als Dach auf die Lokomotive kleben. Den restlichen schwarzen Fondant sehr dünn ausrollen und in vier kleine Streifen für die Fenster schneiden. Diese mit Zuckerguss seitlich ans Führerhaus der Lokomotive kleben. Die Lokomotive mit Lakritzbonbons fertig dekorieren: Lakritzschnecken als Räder, runde Bonbons als Radnaben, runde gelbe Bonbons als Scheinwerfer, ein rundes und ein quadratisches Bonbon als Schornstein, zwei quadratische Bonbons als Windschutzscheiben entsprechend der Abbildung mit Zuckerguss an die Lokomotive kleben. Zuletzt zwei abgeflachte kleine Kugeln aus schwarzem Fondant als Pupillen an die Windschutzscheiben kleben.

5 Die Waggons in gleicher Weise mit Rädern aus Lakritzschnecken und Bonbons dekorieren. Drei kurze Streifen von Lakritzschnecken zurechtschneiden, um Lokomotive und Waggons zu verbinden. Alle Teile der Torte vorsichtig auf die Tortenplatte setzen und mit den Lakritzstangen verbinden.

Schneiden Sie den Tortenboden in fünf Teile, um den Zug zusammenzustellen.

Überziehen Sie die Lok mit blauer Masse und schneiden Sie den Überstand weg.

Kleben Sie Lakritzschnecken als Räder seitlich an den Zug.

Der Bücherwurm

Die richtige Torte für die Leseratte – oder die Aufforderung, eine zu werden

ZUTATEN:

- 1,25 kg Rollfondant
- Lebensmittelfarben: Grün, Blau, Gelb, Schwarz und Orange
- Etwas Puderzucker zum Ausrollen
- Quadratische Tortenplatte, 30 cm Kantenlänge
- Passendes rotes Stoffband
- 1 quadratischer Tortenboden, 18 cm Kantenlänge (s. S. 8)
- 375 g Buttercreme
- Zuckerguss zum Kleben

BENÖTIGTE GERÄTE:

- Ausrollstab
- Scharfes Küchenmesser
- Glätter
- Runde Ausstechformen, 1 cm, 2 cm und 4 cm Durchmesser
- 1 ungekochte Spaghetti

Augen, Hut und Brille für den Wurm

1 440 g Rollfondant grün einfärben, auf einer mit Puderzucker bestreuten Arbeitsfläche ausrollen und die Tortenplatte damit überziehen. Den überstehenden Fondant an der Kante abschneiden. Die Tortenplatte mit rotem Stoffband einfassen und zum Trocknen beiseitestellen. Die Kruste vom Tortenboden entfernen und die Oberfläche plan schneiden. Ein 2,5 cm breites Stück davon abschneiden, damit ein rechteckiges Buch entsteht. Den Tortenboden waagerecht durchschneiden, die Teile mit Buttercreme wieder zusammenfügen und alles mit Buttercreme überziehen.

2 Die Torte auf die Tortenplatte setzen. 220 g weißen Rollfondant ausrollen und daraus einen schmalen Streifen schneiden. Damit die drei Seiten des Buchblocks überziehen, sodass der Buchrücken frei bleibt. Mit dem Messerrücken Linien in die weiße Masse ziehen und damit die Buchseiten imitieren.

3 410 g Rollfondant blau einfärben und daraus mit etwa 5 mm Übermaß ein rechteckiges Stück für Buchdeckel und -rücken schneiden. Die Fondantplatte auf die Torte legen und die Oberfläche mit dem Glätter glatt streichen. Aus den Resten einen schmalen Streifen schneiden und diesen mit Zuckerguss entlang der unteren Kante der Torte ankleben. Aus der Oberseite der Torte zwei Kreise unterschiedlicher Größe ausstechen. 7 g schwarz gefärbten Fondant ausrollen, Scheiben gleicher Größe ausstechen und damit die Öffnungen im Buchdeckel schließen.

4 Für den Wurm 75 g Rollfondant gelb einfärben. 60 g der Masse als Kopf tropfenförmig modellieren. Das Teil oben und unten abflachen. Mit der schräg angesetzten runden 2-cm-Ausstechform einen Mund einschneiden. Ein 10 cm langes Stück Spaghetti bis auf die Tortenplatte in das größere der beiden Löcher stecken, um den Kopf des Wurms zu befestigen. Die Spaghetti mit Zuckerguss bestreichen und den Kopf vorsichtig aufstecken. Aus der restlichen gelben Masse einen sich nach einer Seite verjüngenden Strang rollen und diesen entsprechend der Abbildung als Schwanz ankleben.

5 Die Reste des grünen Fondants ausrollen. Mit der großen Ausstechform eine Hutkrempe ausstechen und aus dem Rest das Oberteil des Zylinders modellieren. Zwei kleine weiße Kugeln als Augen und zwei noch kleinere schwarze als Pupillen rollen, etwas platt drücken und ankleben. Den restlichen Fondant orange einfärben, ausrollen und in gleich breite Streifen schneiden. Daraus as Streifendekor für Buchdeckel und Tortenplatte ausschneiden und entsprechend der Abbildung aufkleben. Das Hutband für den Bücherwurm ebenfalls anbringen. Aus schwarzem Fondant zwei abgeflachte Kugeln modellieren und die Mitte jeweils mit der kleinsten runden Ausstechform ausstechen. Diese Ringe mindestens zehn Minuten trocknen lassen und dann als Brille ankleben.

Drücken Sie mit dem Messerrücken feine Rillen für die Buchseiten in den Rollfondant.

Einen Streifen von blauem Rollfondant als unteren Buchdeckel anbringen.

Stecken Sie den Kopf des Bücherwurms auf die Spaghetti.

Kinderwagen

Baby und Teddybär im Kinderwagen – die richtige Torte für kleine Mädchen

ZUTATEN:

- 1,75 kg Rollfondant
- Lebensmittelfarben: Blau, Rosa, Creme und Gelb
- Etwas Puderzucker zum Ausrollen
- Tortenplatte in Blütenform, 25 cm Durchmesser
- Passendes gelbes Stoffband
- 1 Tortenboden aus der Zweiliter-Schüsselform (s. S. 9)
- 375 g Buttercreme
- Zuckerguss zum Kleben
- 1 Lakritzstange
- Lakritzschnecken

BENÖTIGTE GERÄTE:

- Ausrollstab
- Küchenmesser
- Runde Mini-Ausstechform oder Apfelausstecher
- Runde Ausstechformen, 1,5 cm und 13 cm Durchmesser
- Cocktailspieß/Zahnstocher

1 375 g Rollfondant blau einfärben, auf einer mit Puderzucker bestreuten Arbeitsfläche ausrollen und die Tortenplatte damit überziehen. Den überstehenden Fondant an der Kante abschneiden. Die Tortenplatte mit gelbem Stoffband einfassen und zum Trocknen beiseitestellen. Die Kruste vom Tortenboden entfernen und die Oberfläche plan schneiden. Den Boden waagerecht in drei Teile schneiden und diese mit Buttercreme wieder zusammensetzen.

2 1 kg Rollfondant rosa einfärben. Aus 140 g einen dicken Strang rollen und diesen als Wulst um den Rand der Torte legen. Die Torte umdrehen. 750 g rosa Fondant ausrollen unnd die gesamte Torte damit überziehen. Die Falten ausstreichen und den Fondantmantel mit dem Glätter bearbeiten, bis die Oberfläche einwandfrei ist. Die Torte wieder umdrehen, den Fondantmantel über den Wulst legen, glätten und am inneren Wulstrand abschneiden. Die Torte mittig auf die Tortenplatte setzen.

3 75 g weißen Fondant ausrollen, einen Kreis passender Größe ausstechen und die Fläche innerhalb des Wulstes damit abdecken. Aus 125 g weißem Fondant ein Kissen modellieren. Für die Nase des Teddybären etwas rosa Masse beiseitelegen, aus dem Rest zwei spindelförmige Wülste rollen, halbrund biegen und mit Zuckerguss als Faltdach auf die Torte kleben. Die Lakritzstange zurechtbiegen und als Griff in den Kinderwagen stecken. Die Lakritzschnecken mit Zuckerguss als Räder an den Kinderwagen kleben.

4 90 g Rollfondant cremefarben und 75 g gelb einfärben. Aus der cremefarbenen Masse eine Kugel für den Kopf des Babys und eine kleine Kugel für die Nase rollen. Die Gesichtszüge mit schräg angesetzten runden Ausstechern einschneiden. Mit dem Zahnstocher zu den Seiten des Mundes Grübchen eindrücken. Mit der Messerspitze Wimpern unter die Augen gravieren. Ein kleines Stück gelben Fondant zu einem langen Strang rollen, an einer Seite spitz zulaufen lassen, zusammenrollen und als Haarlocke auf den Kopf des Babys kleben.

5 Aus 22 g blauem Fondant eine Kugel für den Kopf des Teddybären rollen und aus weiteren 7 g eine abgeplattete ovale Schnauze modellieren, zwei Würste für die Arme und zwei Kügelchen für die Ohren. Mit dem Zahnstocher Mulden in die Ohren drücken und alle Gesichtsteile an den Bärenkopf kleben. Mit der Spitze des Zahnstochers die Augen einstechen. Zuletzt eine rosafarbene dreieckige Nase modellieren und aufkleben.

6 Die restliche gelbe Masse ausrollen und ein Stück von der Größe des Wageninnenraums zuschneiden. Den Rand mit dem Finger rundum einkneifen, sodass eine muschelähnliche Kante entsteht. Das Stück zusammenfalten und als Decke in den Kinderwagen legen. Den restlichen blauen Fondant ausrollen, Kreise ausstechen und als Dekor auf den Kinderwagen kleben.

Formen Sie aus einem dicken rosa Fondantstrang einen runden Rand.

Streichen Sie den Rollfondant auf der Außen- und Innenseite des Randes glatt.

Deuten Sie die Wimpern des Babys durch Einritzen mit der Messerspitze an.

Ponystall

Diese hübschen Ponys im Stall verschönern jeden Geburtstag.

Zutaten:

- 1,25 kg Rollfondant
- Lebensmittelfarben: Blau, Grün, Gelb, Rosa und Schwarz
- Etwas Puderzucker zum Ausrollen
- Tortenplatte in Blütenform, 30 cm Durchmesser
- Passendes gelbes Stoffband
- 1 quadratischer Tortenboden, 20 cm Kantenlänge (s. S. 8)
- 345 g Buttercreme
- Zuckerguss zum Kleben
- Silberne Dekoperlen

Benötigte Geräte:

- Ausrollstab
- Scharfes Küchenmesser
- Große und kleine Blüten-Ausstechformen
- Kleine Schaumstoffstückchen
- Kleine runde Ausstechform
- Cocktailspieß/Zahnstocher
- 3 Teilstücke einer ungekochten Spaghetti, je 2,5 cm lang
- Modellierstab (siehe Abbildung)

1 400 g Rollfondant mit Blau und Grün türkis einfärben, auf einer mit Puderzucker bestreuten Arbeitsfläche ausrollen und die Tortenplatte damit überziehen. Den überstehenden Fondant an der Kante abschneiden. Die Tortenplatte mit gelbem Stoffband einfassen und zum Trocknen beiseitestellen. Die Kruste vom Tortenboden entfernen und die Oberfläche plan schneiden.

2 Den Boden genau in der Mitte teilen und eine Hälfte auf die andere setzen. Die obere Hälfte entsprechend der Abbildung unten Mitte schräg zu einem Pultdach schneiden. Die beiden Teile mit Buttercreme zusammenfügen und die Oberfläche der Torte mit Buttercreme überziehen.

3 750 g weißen Rollfondant ausrollen und den Stall mit der Schmalseite daraufstellen. Den Fondant um den Stall herum abschneiden. Mit dem Küchenmesser die Linienstruktur des Holzes in die weiße Masse ritzen. Auf die gleiche Weise nacheinander die andere Schmalseite der Torte, dann die Rückseite und schließlich die Vorderseite überziehen. Dann die Torte mittig auf die Tortenplatte stellen.

4 Auf der Vorderseite des Stalls drei Fenster ausschneiden. 20 g Fondant kräftig türkis einfärben und die Masse dünn ausrollen. Passende Stücke ausschneiden und die entstandenen Lücken damit ausfüllen.

5 Für die blütenförmigen Ziegel türkisfarbenen und weißen Fondant so lange miteinander verkneten, bis Schlieren erkennbar sind. Die Masse ausrollen, mit einem Blütenausstecher Blümchen austechen und diese, von unten nach oben arbeitend, mit Zuckerguss auf das Dach kleben.

6 Aus Resten von türkisfarbenem Fondant kleine Ringe als Türgriffe modellieren und diese mit einer aufgesetzten Zuckerperle an die Stalltüren des Ponystalls kleben.

7 Für die Ponys 30 g Fondant blassgelb, 20 g rosa und 15 g grau einfärben. Für das gelbe Pony 15 g gelben Fondant zu einer glatten Kugel rollen und diese nach einer Seite zu einem Pferdekopf ausformen, indem die Kugel rundum vorsichtig zusammendrückt wird. Darauf achten, dass die Oberfläche glatt bleibt. Das Schnauzenende gut abrunden. Mit dem Messer das Maul einschneiden und mit einem Zahnstocher die Nüstern einstechen.

8 Ein Stück Spaghetti in eines der Fenster auf der Vorderseite der Torte stecken und die Umgebung mit Zuckerguss bestreichen. Den Ponykopf vorsichtig auf die Spaghetti stecken und bis zum Trocknen mit einem Schaumstoffstück abstützen.

Fortsetzung nächste Seite

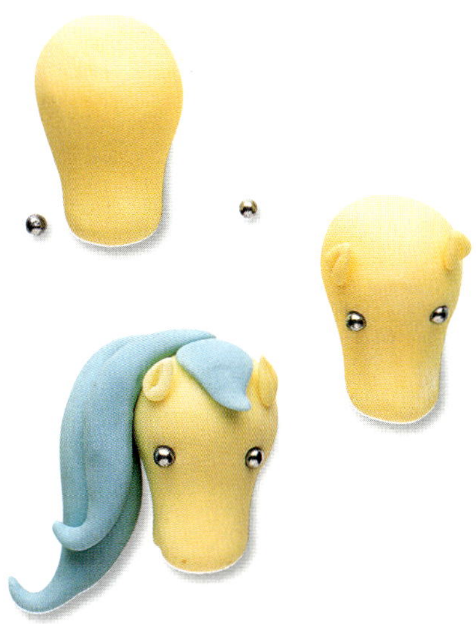

Einzelteile aus Rollfondant für Kopf und Mähne des Ponys

Fügen Sie die Tortenteile mit Buttercreme zusammen.

Stellen Sie die Torte auf den Rollfondant und schneiden Sie diesen entlang der Kante ab.

Stechen Sie die Blümchen aus.

Drücken Sie mil dem Modellierstab eine Vertiefung in die Mitte der Blümchen.

9 Für die Mähne aus dem restlichen türkisfarbenen Fondant verschieden große, dünne, spindelförmige Stränge ausrollen und an den entsprechenden Stellen befestigen. Die Enden leicht umbiegen und ein flaches tropfenförmiges Stück als Stirnlocke formen. Kleine Ohren modellieren und mit dem Zahnstocher Vertiefungen hineindrücken. Dekoperlen als Augen vorsichtig an den Kopf drücken.

10 In gleicher Weise die beiden anderen Ponys herstellen. Aus Resten von gelbem und rosa Fondant mit der kleinen Blüten-Ausstechform kleine Blümchen ausstechen, mit dem Modellierstab eine Mulde ins Blütenzentrum drücken und eine Dekoperle als Verzierung hineindrücken. Die gelben und rosa Blümchen mit Zuckerguss auf der Tortenplatte und dem Dach des Stalls befestigen.

11 Die Torte vollständig trocknen lassen. Zuletzt vorsichtig die Schaumstoffstückchen entfernen, mit denen die Köpfe der Ponys abgestützt waren.

Die dekorativen Dekoperlen als Ponyaugen und als Blütenmitte geben dieser hübschen Torte Glanz.

Schatzkarte

Mit dieser Schatzkarte ist der Seeräuberschatz leicht zu finden.

Zutaten

- 1 runder Tortenboden, 20 cm Durchmesser (s. S. 8)
- 410 g Buttercreme
- Runde Tortenplatte, 30 cm Durchmesser
- 1 kg Rollfondant
- Lebensmittelfarben: Goldbraun und Blau
- Etwas Puderzucker zum Ausrollen
- Goldenes Garn
- Blaues Stoffband
- Brauner Zucker
- Schokoladentaler
- Schwarzer Lebensmittelfarbstift

Benötigte Geräte

- Ausrollstab
- Scharfes Küchenmesser
- Mittelgroßer Pinsel

1 Die Kruste des Tortenbodens entfernen und die Oberfläche plan schneiden. Den Boden quer durchschneiden und die beiden Teile mit Buttercreme wieder zusammenfügen. Die Oberfläche der Torte mit Buttercreme überziehen. Die Torte mittig auf die Platte setzen.

2 875 g Rollfondant goldbraun einfärben, auf einer mit Puderzucker bestreuten Arbeitsfläche ausrollen und die Torte samt der Tortenplatte damit überziehen. Den Fondant sorgfältig andrücken und glätten. Überstehenden Fondant entlang der Kante der Tortenplatte abschneiden. Ein Stück goldene Geschenkkordel auf der Torte drapieren. Die Tortenplatte mit blauem Stoffband einfassen.

3 Für die Schatzkarte den restlichen Fondant mit ganz wenig goldbrauner Lebensmittelfarbe cremefarben einfärben, dünn ausrollen und ein Quadrat mit 18 cm Kantenlänge ausschneiden. Die Karte an der oberen und der unteren Kante mehrfach verschieden tief einschneiden, von einer Seite her teilweise zusammenrollen und auf die Torte legen. Ein Ende der Goldkordel über die Schatzkarte legen.

4 Braunen Zucker rund um die Torte streuen und das Ganze mit Schokoladentalern garnieren. Die Torte trocknen lassen und zuletzt mit dem schwarzen Lebensmittelfarbstift sowie mit blauer und goldbrauner Lebensmittelfarbe die Landkarte auf den Fondant malen.

Burgwächter

Wenn die Wachen nicht wachsam sind, dann ist diese Torte schnell weg.

ZUTATEN:

- 1 quadratischer Tortenboden, 25 cm Kantenlänge (s. S. 8)
- 440 g Buttercreme
- Runde Tortenplatte, 25 cm Durchmesser
- 12 kleine Biskuitrollen
- 1,5 kg Rollfondant
- Lebensmittelfarben: Schwarz, Creme und Grün
- etwas Puderzucker zum Ausrollen
- Zuckerguss zum Kleben
- Passendes Stoffband

BENÖTIGTE GERÄTE:

- Kleiner Ausrollstab
- Scharfes Küchenmesser
- Runde Ausstechform, 3,5 cmDurchmesser
- Kleine quadratische Ausstechform
- Cocktailspieß/Zahnstocher

Stechen Sie die Zinnen mit der quadratischen Ausstechform aus.

1 Die Kruste vomTortenboden entfernen und die Oberseite plan schneiden. Den Boden in vier gleiche Teile schneiden, diese entsprechend der Abbildung unten links mit Buttercreme wieder zusammenfügen und auf die Tortenplatte setzen. Je drei Biskuitröllchen zu einem Eckturm verbinden, und die vier Türme mit Buttercreme an die Burg kleben. Die gesamte Torte mit Buttercreme überziehen.

2 125 g Rollfondant schwarz einfärben, davon 60 g ausrollen und eine Platte für die Vorderseite der Torte ausschneiden. 250 g Rollfondant hellgrau, 625 g mittelgrau und 250 g dunkelgrau einfärben. 155 g mittelgraue Masse ausrollen und daraus ein passendes Quadrat für die Oberseite schneiden. Mit der runden Ausstechform aus dem gleichen Material vier Kreise ausstechen und mit Zuckerguss auf die Türme kleben. Aus den verschiedenen Grautönen kleine, flache Plättchen modellieren und die gesamte Torte abgesehen von drei Fenstern und dem Eingangstor auf der Vorderseite damit bedecken. Einfach die Plättchen in die Buttercreme drücken.

3 Die restliche graue Masse ausrollen und in 2,5 cm breite Streifen schneiden. Mit der quadratischen Ausstechform Zinnen ausstechen und die Streifen mit Zuckerguss auf die Türme und die Burg kleben. Etwas mittelgrauen Fondant dünn ausrollen und daraus Streifen für das Fallgitter schneiden. Mit dem Zahnstocher Löcher hineinstechen. Leicht abgeflachte Kügelchen für die Toreinfassung modellieren und alles mit Zuckerguss ankleben.

4 7 g dunkelgrauen Fondant in drei Teile teilen, daraus tropfenförmige Stücke für die Helme der Wächter modellieren. Diese mit der Spitze nach oben in die Fenster kleben und je eine Mulde in die Mitte drücken. Ewas Rollfondant cremefarben einfärben und daraus drei kugelförmige Köpfe sowie ovale Nasen und Hände modellieren. Diese mit Zuckerguss ankleben und mit kleinen Ärmchen ergänzen. Mit dem Zahnstocher die Gesichter modellieren.

5 Für die Kanone 30 g schwarzen Fondant zu einer Kugel rollen und dann zu einem Rohr ausziehen. Einen Zahnstocher in das Ende stecken und drehen, um eine Mündung zu schaffen. Aus dem restlichen schwarzen Fondant runde Scheibchen für die Räder und Kügelchen als Kanonenkugeln formen. Die Kanone samt Kugeln auf dem Burgdach anbringen.

6 Den verbleibenden Rollfondant grün einfärben, ausrollen und so auf die Tortenplatte drücken, dass er mit derTorte abschließt. Mit dem Ausrollstab ein ungleichmäßiges Muster hineindrücken. Aus dem restlichen grauen Fondant Felsbrocken formen und auf der Tortenplatte verteilen. Zuletzt die Tortenplatte mit passendem silbergrauem Stoffband einfassen und trocknen lassen.

Fügen Sie die Tortenbodenstücke und die Biskuitrollen mit Buttercreme zusammen.

Befestigen Sie ein schwarzes Rechteck an derVorderseite.

Bedecken Sie die Torte mit flach gedrückten Stücken aus Rollfondant.

Spielzeugboot

Ein ganz einfaches Boot, das vor allem Vorschulkinder begeistern wird

Zutaten:
- 1,75 kg Rollfondant
- Lebensmittelfarben: Blau, Rot, Gelb, Schwarz und Grün
- Etwas Puderzucker zum Ausrollen
- Runde Tortenplatte, 25 cm Durchmesser
- Passendes Stoffband
- Tortenboden aus der Zweiliter-Schüsselform (s. S. 9)
- 345 g Buttercreme
- Zuckerguss zum Kleben

Benötigte Geräte:
- Ausrollstab
- Scharfes Küchenmesser
- Kleine und große Schüssel
- Glätter
- Kleine und mittlere runde Ausstechform
- Cocktailspieß/Zahnstocher

Einzelteile aus Rollfondant für die Rettungsringe und das Tau

1 315 g Rollfondant blau einfärben, auf einer mit Puderzucker bestreuten Arbeitsfläche ausrollen und die Tortenplatte damit überziehen. Überstehenden Fondant an der Kante der Tortenplatte abschneiden. Die Ränder der beiden Schüsseln mehrmals in den Fondant drücken, um einen Welleneffekt zu erzeugen. Die Tortenplatte mit passendem Stoffband einfassen.

2 Den Tortenboden von der Kruste befreien und die Oberseite plan schneiden. Oben ein 1 cm starkes Stück abschneiden. Daraus vier quadratische Stücke zuschneiden und diese für die Kajüte übereinanderlegen. Den Stapel so zurechtschneiden, dass er nach unten hin schmaler wird, und die Tortenbodenstücke mit Buttercreme zusammenfügen. Die Kajüte mit Butttercreme überziehen.

3 Die Torte umdrehen. Für das Heck an einem Ende ein keilförmiges Stück abschneiden. An den Seiten Teile abschneiden, sodass eine nach vorn spitz zulaufende Bootsform entsteht. Die Torte wieder umdrehen und mit Buttercreme überziehen.

4 1 kg Rollfondant rot einfärben, 150 g davon zu einem langen Strang formen und diesen als umlaufenden Wulst um den Rand des Rumpfes legen. 850 g roten Fondant ausrollen und die Torte damit überziehen, den Fondantmantel sanft andrücken, die Masse glätten und den Überstand abschneiden. Das Boot auf die Tortenplatte stellen und mit dem Glätter bearbeiten.

5 155 g Rollfondant gelb einfärben, ausrollen und damit nacheinander die Seiten der Kajüte verkleiden. Die Stöße der Fondantplatten gut verreiben. Für jedes Bullauge einen Kreis ausstechen. 7 g Rollfondant schwarz einfärben, dünn ausrollen, Kreise gleicher Größe ausstechen und in die Bullaugenöffnungen einsetzen. Die Kajüte mit etwas Zuckerguss auf dem Boot befestigen. 125 g Rollfondant grün einfärben, 45 g davon ausrollen und ein passendes Quadrat für das Dach der Kajüte zuschneiden.

6 Aus Resten eine grüne und eine rote Kugel rollen. Beide zusammenfügen und entsprechend der Abbildung einen Schornstein modellieren. Beide Enden gerade abschneiden und den Schornstein mit etwas Zuckerguss auf die Kajüte kleben.

7 Weißen Rollfondant ziemlich dick ausrollen. Mit runden Ausstechformen unterschiedlichen Durchmessers die Rettungsringe ausstechen und mit Zuckerguss ans Boot kleben. Etwas roten Fondant ausrollen, daraus je zwei Dreiecke für jeden Rettungsring schneiden und aufkleben. Dünne Stränge aus gelbem Fondant rollen. In gleichmäßigen Abständen mit dem Zahnstocher schräge Rillen eindrücken. Das »Tau« in passende Stücke schneiden und diese zwischen die Rettungsringe kleben.

Schichten Sie für die Kajüte mehrere Tortenbodenteile übereinander.

Bilden Sie aus einem länglichen Stück Rollfondant einen Wulst.

Verwenden Sie runde Scheiben aus schwarzem Rollfondant für die Bullaugen.

Knusperhäuschen

Ein Häuschen, über und über mit Naschwerk bedeckt – der Traum eines jeden Kindes

Zutaten:
- 1,5 kg Rollfondant
- Lebensmittelfarben: Grün, Gelb und Rosa
- Etwas Puderzucker zum Ausrollen
- Runde Tortenplatte, 25 cmDurchmesser
- Passendes Stoffband
- Quadratischer Tortenboden, 25 cm Kantenlänge (s. S.8)
- 500 g Buttercreme
- Zuckerguss zum Kleben
- Verschiedene Bonbons
- Lutscher
- Liebesperlen
- Zuckerstreusel

Benötigte Geräte:
- Ausrollstab
- Scharfes Küchenmesser
- Glätter
- Runde Ausstechform, 3 cm Durchmesser

Tipp:
Sie können zum Verzieren dieser Torte beliebige Süßigkeiten verwenden. Am besten nehmen Sie die Lieblingsnaschereien Ihres Kindes.

1 440 g Rollfondant grün einfärben, auf einer mit Puderzucker bestreuten Arbeitsplatte ausrollen und die Tortenplatte damit überziehen. Überstehenden Fondant an der Plattenkante abschneiden. Die Tortenplatte mit passendem Stoffband einfassen und zum Trocknen beiseitestellen.

2 Die Kruste vom Tortenboden entfernen, die Oberseite plan schneiden und den Boden in vier gleich große quadratische Stücke schneiden. Diese exakt übereinanderstellen, die beiden oberen Stücke in Dachform zuschneiden.

3 Die vier Teile mit Buttercreme zusammenfügen und die Oberfläche der ganzen Torte mit Buttercreme überziehen.

4 1 kg Rollfondant blassgelb einfärben. Aus 20 g zwei Kugeln rollen, platt drücken und als Bäckchen am Giebel des Hauses festdrücken. 170 g gelbe Masse ausrollen, das Häuschen mit der Traufseite darauf legen und den Fondant entlang der Kanten abschneiden. In gleicher Weise die zweite Traufseite und die Giebelseiten des Häuschens verkleiden. Den Fondant gut andrücken und die Verkleidung mit dem Glätter bearbeiten.

5 Die Torte vorsichtig auf die Tortenplatte stellen. Die Nahtstellen mit Zuckerguss füllen und mit dem Glätter glatt streichen. Mit dem Finger ein Lächeln in den Giebel zeichnen.

6 Die restliche blassgelbe Masse ausrollen, ein großes Rechteck ausrollen, mit etwas Überstand anpassen und als Dach auf die Torte legen. Das Dach mit Zuckerguss bestreichen und vollständig mit Bonbons bedecken.

7 Aus der restlichen grünen Masse Büsche modellieren und diese um das Haus herum dort ankleben, wo die Lutscher Platz finden werden. Die Lutscherstiele befeuchten und die Lutscher in die Büsche stecken. Ganz wenig Rollfondant mit Zuckerguss bestreichen und die größeren Lutscher damit zusätzlich am Haus befestigen.

Fortsetzung nächste Seite

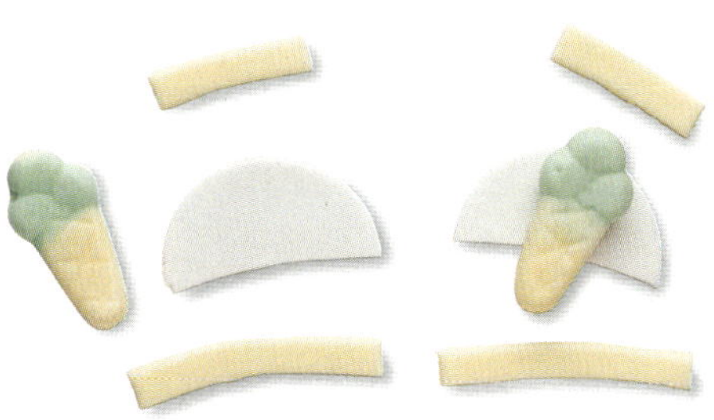

Die Augen entstehen aus Süßigkeiten und Einzelteilen aus Fondant.

Schneiden Sie die oberen Tortenbodenschichten in Dachform.

Schneiden Sie mit einem Messer an der Tortenkante entlang den Überstand ab.

Befestigen Sie die Süßigkeiten mit Zuckerguss am Dach.

8 Die übrigen Bonbons in kleinen Häufchen an der Hauswand verteilen. Den Weg zur Tür mit Zuckerguss bestreichen und mit Liebesperlen bestreuen. Die Büsche ebenso mit Zuckerguss bestreichen und mit Zuckerstreuseln bestreuen.

9 7 g weißen Rollfondant ausrollen. Für die Augen eine runde Scheibe ausstechen und halbieren. Aus gelben Resten Streifen für Augenbrauen und Wimpern schneiden, alles festkleben, Bonbons als Pupillen daraufsetzen und die Wimpern leicht mit Zuckerstreuseln bestreuen.

10 Den restlichen Fondant rosa einfärben, dünn ausrollen und eine rechteckige Tür ausschneiden. Deren Oberkante mit der Ausstechform abrunden und die Tür am Giebel festkleben. Einige Liebesperlen als Türgriff aufkleben.

Bestreuen Sie die grünen Büsche, die die Lutscher stützen, mit Zuckerstreuseln.

Flowerpower

Diese schicke Blumentorte ist ein besonderer Genuss für jeden Teenager.

ZUTATEN:
- Runde Tortenplatte, 30 cm Durchmesser
- Geschenkpapier mit Blümchenmuster
- 1 Tortenboden in Blütenform, 20 cm Durchmesser (s. S. 8)
- 410 g Buttercreme
- Etwas Puderzucker zum Ausrollen
- 1 kg Rollfondant
- Lebensmittelfarben: Orange, Gelb und Schwarz
- Zuckerguss zum Kleben
- Reispapier
- Lebensmittelfarbstifte: Schwarz, Gelb, Orange, Rosa, Blau und Grün
- Lakritzschnecke

BENÖTIGTE GERÄTE:
- Ungiftiger Klebestift
- Backpapier
- Schere
- Ausrollstab
- Scharfes Küchenmesser
- Glätter
- Schablonen (s. S. 107)
- Runde Ausstechformen, sehr klein und mit 5 cm Durchmesser
- Cocktailspieß/Zahnstocher
- Kleine Schaumstoffstückchen

Bemalen Sie die Flügel des Schmetterlings mit Lebensmittelstiften.

1 Die Tortenplatte mit Geschenkpapier überziehen (s. S. 7) und anhand der Backform ein Stück Backpapier zurechtschneiden. Die Kruste vom Tortenboden entfernen und die Oberseite plan schneiden. Den Boden quer durchschneiden und die Hälften mit Buttercreme wieder zusammenfügen. Die gesamte Torte mit Buttercreme überziehen. 750 g weißen Rollfondant ausschneiden und die Torte damit verkleiden.

2 250 g Rollfondant orange einfärben, ausrollen und entsprechend der Schablone auf S. 108 sechs Blütenblätter ausschneiden. Die Kanten abrunden und die Blätter mit Zuckerguss auf die Torte kleben. In der Mitte einen Kreis ausstechen, etwas weißen Fondant gelb einfärben, eine Scheibe gleicher Größe ausstechen und als Blütenzentrum einsetzen.

3 Entsprechend der Schablone auf S. 108 Schmetterlingsflügel aus Reispapier ausschneiden, auf der glatten Seite mit Lebensmittelstiften bemalen und zum Trocknen beiseitelegen.

4 7 g Fondant schwarz einfärben und daraus den runden Kopf und den tropfenförmigen Leib des Schmetterlings modellieren, dazu vier ganz kleine Kügelchen als Pupillen und Fühlerenden. Mit dem kleinen Ausstecher einen Mund einschneiden und mit dem Zahnstocher zwei kleine Löcher in den Kopf stechen. Lakritzfäden von einer aufgerollten Lakritzschnecke hineinstecken und an deren Enden mit Zuckerguss die beiden Kügelchen befestigen. Augen aus weißem Fondant formen und mit den Pupillen an den Kopf kleben.

5 Rumpf und Kopf des Schmetterlings mit etwas Zuckerguss auf die Torte kleben. Den Rumpf zweimal längs einschneiden, die Rillen mit Zuckerguss bestreichen und die Flügel darin befestigen. Bis zum Trocknen mit Schaumstoffstückchen abstützen. Reispapierstreifen zurechtschneiden, die in der Länge je einem Bogen an der Außenseite der Torte entsprechen. Diese in unterschiedlichen Farben bemalen und mit Zuckerguss rund um die Unterkante der Torte kleben.

Formel-1-Wagen

Rennsportfans werden beim Anblick dieses Favoriten kaum zu halten sein.

ZUTATEN:

- 2 kg Rollfondant
- Lebensmittelfarben: Schwarz, Rot, Blau und Grün
- Etwas Puderzucker zum Ausrollen
- Runde Tortenplatte, 35 cm Durchmesser
- Passendes rotes Stoffband
- Quadratischer Tortenboden, 25 cm Kantenlänge (s. S. 8)
- 375 g Buttercreme
- Zuckerguss zum Kleben

BENÖTIGTE GERÄTE:

- Ausrollstab
- Scharfes Küchenmesser
- Glätter
- Zahlen-Ausstechform
- Schablonen (s. S. 110)

Tipp:

Wenn Sie den Wagen detaillierter bemalen wollen, benutzen Sie Lebensmittelstifte. Mit solchen Stiften, die es in vielen Farben zu kaufen gibt, kann man auf Rollfondant schreiben und feine Linien ziehen. Warten Sie damit aber, bis die Torte trocken ist.

1 410 g Rollfondant mit schwarzer Lebensmittelfarbe grau und 75 g rot einfärben. Die graue Masse ausrollen und die Tortenplatte zu etwa drei Vierteln damit überziehen. Den Rand des Überzuges zu einem Bogen schneiden. Roten und weißen Fondant ausrollen, in Streifen schneiden und diese abwechselnd auf den noch unbedeckten Teil der Tortenplatte kleben. Den überstehenden Fondant an der Kante abschneiden, die Platte mit rotem Stoffband einfassen und zum Trocknen beiseitestellen.

2 Vom Tortenboden die Kruste entfernen und die Oberseite plan schneiden. Den Boden halbieren und die Hälfte, die zum Hauptteil der Karosserie werden soll, vorne an drei Seiten schräg zulaufend zurechtschneiden. Von der anderen Hälfte ein 4 cm breites und ein 5 cm breites Stück abschneiden. Mit dem breiteren Stück das Auto nach hinten verlängern, das schmalere Stück auf das Heck setzen. Aus dem restlichen Tortenboden zwei kleine Lüftungskästen schneiden. Die Einzelteile mit Buttercreme zusammenfügen und das Ganze damit überziehen.

3 875 g Rollfondant blau einfärben, für das Cockpit 30 g davon zu einer Kugel und 15 g zu einer gebogenen Wurst rollen. Die Kugel entsprechend der Abbildung unten Mitte direkt vor das erhöhte Heck und die Wurst davor platzieren.

4 Den restlichen blauen Fondant ausrollen und die Torte damit überziehen. Darauf achten, dass die Masse auch in den Vertiefungen gut angedrückt wird. Überstehende Reste entlang der Unterkante der Torte entfernen und diese vorsichtig auf die Tortenplatte setzen. 75 g weißen Fondant ausrollen und daraus mittels der Schablone von S. 110 einen Streifen und zwei Seitenteile für den Heckspoiler ausschneiden. Diese drei Teile mit Zuckerguss auf die Torte kleben.

5 75 g Rollfondant grün einfärben und ausrollen. Anhand der Schablone auf S. 110 die Einzelteile für den Frontspoiler ausschneiden und mit Zuckerguss aufkleben. Aus 45 g grünem Fondant einen Helm modellieren und festkleben.

6 Für die Reifen 375 g Rollfondant schwarz einfärben, davon 350 g in vier gleiche Teile schneiden und daraus vier Kugeln rollen. Diese mit dem Glätter abflachen und seitlich an die Karosserie kleben. Aus ausgerollten Resten von schwarzem, weißem und grünem Fondant entsprechend den Schablonen auf S. 110 das Fahrzeugdekor ausschneiden und mit Zuckerguss aufkleben. Mit einer Zahlen-Ausstechform eine Zahl ausstechen, am besten das Alter des Kindes, und aufkleben. Zuletzt aus schwarzem Rollfondant einen kurzen schmalen Streifen als Visier für den Schutzhelm ausschneiden und aufkleben.

Legen Sie die zurechtgeschnittenen Tortenbodenteile so aneinander, dass sie ein Auto bilden.

Formen Sie aus Rollfondantteilen das Cockpit.

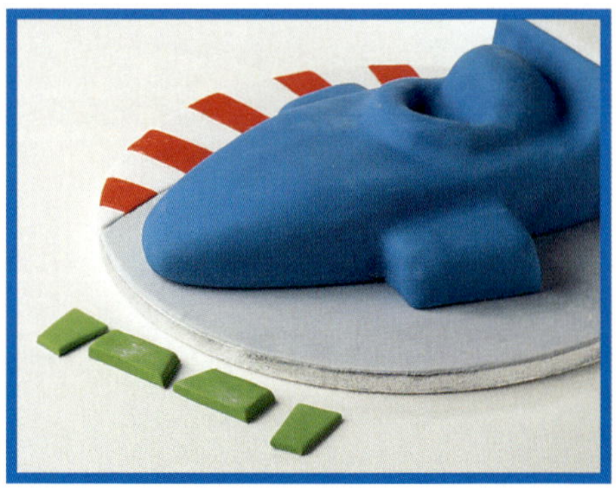
Schneiden Sie aus grünem Fondant Teile für den Frontspoiler.

7

Prächtige Krone

Diese juwelenbesetzte Krone wird der Mittelpunkt jeder Party sein.

ZUTATEN:
- 1 Runder Tortenboden, 20 cm Durchmesser (s. S. 8)
- 375 g Buttercreme
- 1,25 kg Rollfondant
- Etwas Puderzucker zum Ausrollen
- Rote Lebensmittelfarbe
- Runde Tortenplatte, 20 cmDurchmesser
- Zuckerguss zum Kleben
- Einige Fruchtgummibonbons

BENÖTIGTE GERÄTE:
- Ausrollstab
- Scharfes Küchenmesser
- Goldpappe
- Schere
- Schablonen (s. S. 108)
- Ungiftiger Klebstoff
- Spritzbeutel

1 Den Tortenboden von der Kruste befreien, aber nicht plan schneiden. Den Boden halbieren und die Teile mit Buttercreme wieder zusammenfügen. Anschließend die ganze Torte mit Buttercreme überziehen.

2 500 g weißen Rollfondant dünn ausrollen und die Torte damit komplett überziehen. Dabei die Falten nach unten hin glatt streichen und überschüssige Masse entlang der Unterkante entfernen. Die Oberfläche muss nicht besonders glatt sein. Sie soll nur ein Abbröseln verhindern und wird später noch verziert.

3 Die Torte in die Mitte der Tortenplatte stellen. 250 g Rollfondant rot einfärben, ausrollen und über den oberen Teil der Torte legen, wobei Falten und Wülste wegen des Textileffektes erwünscht sind.

4 Anhand der Schablonen auf S. 108 aus Goldpappe die Einzelteile für die Krone ausschneiden, und zwar doppelt so viele, wie die Krone Zacken hat. Jeweils zwei Zacken Rücken an Rücken mit ungiftikem Klebstoff zusammenkleben und trocknen lassen. Danach die Zacken mit Zuckerguss an der Krone festkleben. So lange festhalten, bis sie von selbst halten.

5 Die restliche weiße Masse zu einem breiten Streifen ausrollen und diesen mit Zuckerguss rund um die Basis der Torte kleben. Die Oberfläche so zurechtzupfen und -drücken, dass sie wie ein Pelz aussieht. Entsprechend der Abbildung die Bonbons mit Zuckerguss auf den weißen »Pelzbesatz« kleben.

Befestigen Sie die ausgeschnittenen Kronenzacken aus Goldpappe mit Zuckerguss.

Schlangengrube

Auf dieser Torte sitzt für jedes Lebensjahr eine kleine Schlange.

ZUTATEN:

- Runde Tortenplatte, 25 cm Durchmesser
- Passendes braunes Stoffband
- 1 Tortenboden aus der Napfkuchenform, 23 cm Durchmesser (s. S. 8)
- 315 g Buttercreme
- 1,5 kg Rollfondant
- Lebensmittelfarben: Braun, Rot, Gelb, Grün, Flieder, Blau, Schwarz
- Etwas Puderzucker zum Ausrollen
- Zuckerguss zum Kleben

BENÖTIGTE GERÄTE:

- Scharfes Küchenmesser
- Ausrollstab

1 Die Tortenplatte mit braunem Stoffband einfassen und trocknen lassen. Den Tortenboden von der Kruste befreien und die Oberfläche plan schneiden. Den Boden vorsichtig auf die Tortenplatte stürzen und mit Buttercreme bestreichen.

2 750 g Rollfondant braun einfärben, ausrollen und die Torte damit überziehen. Dabei die Masse außen und innen glatt streichen. Überstehenden Fondant entlang der Oberkante der Tortenplatte abschneiden. Mit den Händen ein unregelmäßiges Muster in die Oberfläche drücken. Verschieden große runde Scheiben aus braunem Rollfondant ausstechen und in zufälliger Verteilung auf die Torte kleben.

3 Je 140 g Rollfondant rot, gelb, grün, fliederfarben und blau einfärben. Je zwei dünne Stränge in verschiedenen Farben zu einer Schlange rollen, die an einem Ende spitz ausläuft und am anderen einen runden Kopf erhält. Die Schlange am Kopf festhalten, den Körper nach Wunsch verdrehen und formen und mit Zuckerguss auf die Torte kleben.

4 In gleicher Weise die anderen Schlangen formen. Die angegebene Menge Rollfondant sollte für acht Stück reichen. In jeden Schlangenkopf mit einem Messer ein Maul einschneiden. Aus weißem Fondant kleine weiße Ovale als Augen formen. Ein wenig Rollfondant schwarz einfärben und daraus kleine Kügelchen als Pupillen rollen. Augen und Pupillen eng zusammenstehend auf die Schlangenköpfe kleben.

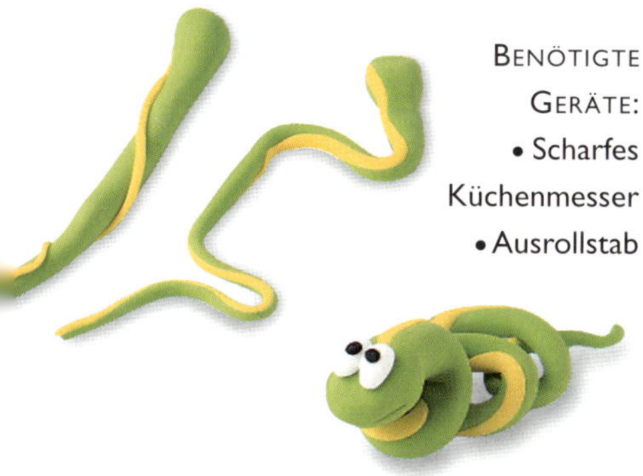

Nehmen Sie für jede Schlange zwei verschiedene Farben.

Kleine Monster

Jeder Gast darf sein eigenes kleines Monster mit nach Hause nehmen.

ZUTATEN:

- 2,25 kg Rollfondant
- Lebensmittelfarben: Blau, Rot, Gelb, Orange, Grün, Violett und Schwarz
- Etwas Puderzucker zum Ausrollen
- Runde Tortenplatte, 30 cm Durchmesser
- Passendes Stoffband
- 1 quadratischer Tortenboden, 25 cm Kantenlänge (s. S. 8)
- 410 g Buttercreme
- Zuckerguss zum Kleben

BENÖTIGTE GERÄTE:

- Scharfes Küchenmesser
- Ausrollstab
- Schere
- Runde Ausstechform, 4 cm Durchmesser
- Cocktailspieß/Zahnstocher

TIPP:

Polieren Sie die Oberfläche des Rollfondants mit bloßen Händen, um überschüssige Masse zu entfernen und jedem Törtchen etwas Glanz zu geben. Und vergessen Sie um Himmels willen nicht, beim Verteilen das größte Monster für das Geburtstagskind zu reservieren.

1 375 g Rollfondant blau einfärben, auf einer mit Puderzucker bestreuten Arbeitsfläche ausrollen und die Tortenplatte damit überziehen. Den überstehenden Fondant entlang der Plattenkante abschneiden, die Platte mit einem passenden Stoffband einfassen und trocknen lassen.

2 Den Tortenboden von der Kruste befreien und die Oberseite plan schneiden. Den Boden dann in zwölf leicht unterschiedliche Stücke teilen. Dazu zunächst in drei Streifen schneiden und diese dann vierteln. Die einzelnen Stücke zu einer rundlichen Form zurechtschneiden und mit Buttercreme bestreichen.

3 1,75 kg Rollfondant in sechs gleich große Teile teilen und diese in den Farben Rot, Gelb, Orange, Grün, Hellblau und Violett einfärben. Die Hälfte der roten Masse ausrollen, ein Tortenstück daraufstellen, die Masse um das Stück schlagen und die oben verbleibende Öffnung schließen.

4 Den Fondant mit einer Schere oben mehrmals einschneiden, damit der Eindruck von Haarsträhnen entsteht. Eine runde Ausstechform so in den Fondantmantel drücken, dass ein lächelnder Mund entsteht, und mit dem Zahnstocher Grübchen in die Mundwinkel drücken.

5 Die übrigen Tortenstücke auf die gleiche Weise herstellen, und zwar zunächst ein zweites rotes Monster, dann zwei gelbe, zwei orangefarbene, zwei grüne, zwei blaue und zwei violette. Aus weißen Fondantresten flache ovale Augäpfel formen. 15 g Fondant schwarz einfärben und daraus 24 kleine Kugeln als Pupillen rollen.

6 Aus farbigen Fondantresten tropfenförmige Hände und Füße modellieren, abflachen und am breiteren Ende je zweimal einschneiden. Eventuelle Grate vorsichtig entfernen. Die Fußsohlen mit den Fingern leicht eindrücken. Das schmale Ende der Hände zu flachen Handgelenken zurechtdrücken. Für die Nasen unregelmäßige Kugeln rollen. Sämtliche Augen, Nasen, Füße und Hände mit Zuckerguss an die Monster kleben.

7 Die einzelnen Törtchen vorsichtig auf die Tortenplatte setzen. Man sollte die Monster einzeln von der Platte nehmen können. Nur dann mit Zuckerguss auf die Platte kleben, wenn die Torte transportiert werden muss.

Teile aus Rollfondant für die Hände und Füße der einzelnen Monster

Runden Sie die Ecken der Tortenbodenquader ab.

Drücken Sie mit der runden Ausstechform eine Vertiefung für den Mund ein.

Traumschloss

Ein Traumschloss aus Biskuitröllchen mit Türmchen aus Marshmallows

Zutaten:

- 2 kg Rollfondant
- Gelbe Lebensmittelfarbe
- Etwas Puderzucker zum Ausrollen
- Tortenplatte in Blütenform, 25 cm Durchmesser
- Passendes Stoffband
- 5 mit Buttercreme gefüllte kleine Biskuitrollen
- 3 mit Marmelade gefüllte große Biskuitrollen, 15 cm lang
- 375 g Buttercreme
- Zuckerguss zum Kleben
- Kleine Marshmallows
- Marshmallows in verschiedenen Formen
- Silberne essbare Dekoperlen
- Lebensmittelfarbpulver: Rosa und Silber

Benötigte Geräte:

- Ausrollstab
- Küchenmesser
- Spritzbeutel/-tülle
- Glätter (nach Bedarf)
- Mittelgroßer Pinsel

1 315 g Rollfondant gelb einfärben, auf einer mit Puderzucker bestreuten Arbeitsfläche ausrollen und die Tortenplatte damit überziehen. Den überstehenden Fondant entlang der Kante abschneiden, die Tortenplatte mit passendem Stoffband einfassen und zum Trocknen beiseitestellen.

2 Von einer kleinen Biskuitrolle ein Drittel abschneiden und mit Buttercreme an eine zweite Rolle kleben. Auf diese Weise fünf verschieden hohe Türmchen herstellen. Alle Biskuitrollen mit Buttercreme bestreichen.

3 470 g weißen Rollfondant dick ausrollen. Beim Überziehen der großen Biskuitrollen auf keinen Fall mit Fondant sparen, da eine dicke Schicht zur Stabilisierung nötig ist. Eine Biskuitrolle auf die ausgerollte Masse legen und diese entlang den Enden der Biskuitrolle auf die passende Breite schneiden.

4 Den Fondant um die Biskuitrolle legen und die Nahtstelle sorgfältig glatt schneiden. Die Naht mit Zuckerguss bestreichen, schließen und anschließend glatt streichen. Um die Tortenoberfläche vollkommen zu glätten, die Torte auf der Arbeitsfläche hin und her rollen und anschließend mit dem Glätter bearbeiten. Die restlichen Biskuitrollen auf die gleiche Weise überziehen. Sie müssen genau gleich groß sein.

5 Die drei großen Biskuitrollen mit Zuckerguss aneinander- und auf die Tortenplatte kleben. Die Reste des weißen Fondants ausrollen und daraus ein Stück zuschneiden, das groß genug ist, die Oberseiten der drei großen Türme abzudecken. Die Fondantplatte auflegen, an den Turmkanten bündig abschneiden und die Nahtstellen verreiben.

6 Rund um die Oberkanten der Türme mit dem Küchenmesser senkrechte Rillen einkerben und einen Ring aus kleinen Marshmallows oben auf jeden Turm kleben.

7 Ein Ende eines jeden kleinen Biskuitröllchens mit weißem Rollfondant verkleiden, den restlichen weißen Fondant ausrollen und die kleinen Biskuitrollen auf die gleiche Weise verkleiden wie die großen. Mit Zuckerguss kleine Marshmallows pyramidenförmig als Dächer auf die kleinen Türmchen kleben.

Fortsetzung nächste Seite

Fügen Sie die Biskuitröllchen mit Buttercreme zusammen.

Rollen Sie jeweils eine Lage Rollfondant um die großen Biskuitrollen.

Legen Sie ein Stück Rollfondant oben auf den Turm.

Befestigen Sie die Marshmallows mit Zuckerguss.

Bestäuben Sie die ganze Torte mit Lebensmittelfarbpulver in Rosa und Silber.

8 Kleinere Türmchen aus großen und kleinen Marshmallows mit Zuckerguss zusammenkleben und auf den großen Türmen anbringen. Im Anschluss daran als Verzierung verschiedene große Marshmallows um die Türme des Schlosses herum anbringen.

9 Für die Fenster und die Türgriffe des Schlosses silberne Dekoperlen in den Rollfondant drücken bzw. auf die Marshmallows kleben. Auf jede Turmspitze eine Perle setzen und nach Belieben weitere Perlen auf der Tortenplatte verteilen. Sobald die Torte trocken ist, mittels eines Pinsels die ganze Torte leicht mit Lebensmittelfarbpulver in Rosa und Silber bestäuben.

Verzieren Sie den Rand mit Marshmallows, nachdem das Schloss fertig ist.

Die Sonne lacht

Diese Sonne trägt einen Hut und geht gerne zum Spielen mit nach draußen.

Zutaten:
- 2 kg Rollfondant
- Lebensmittelfarben: Blau, Gelb und Schwarz
- Etwas Puderzucker zum Ausrollen
- Runde Tortenplatte, 35 cm Durchmesser
- Passendes Stoffband
- 2 Tortenböden aus der Einliter-Schüsselform (s. S. 8)
- 280 g Buttercreme
- Zuckerguss zum Kleben

Benötigte Geräte:
- Ausrollstab
- Scharfes Küchenmesser
- Glätter
- Schablone (s. S. 108)

Schneiden Sie mithilfe der Schablone die Sonnenbrille aus.

1 500 g Rollfondant hellblau einfärben und auf einer mit Puderzucker bestäubten Arbeitsfläche ausrollen. Die Tortenplatte damit überziehen, überstehenden Fondant an den Kanten der Platte abschneiden, diese mit passendem Stoffband einfassen und zum Trocknen beiseitestellen. Die Kruste von den Tortenböden entfernen und die Oberflächen plan schneiden. Die beiden Böden mit Buttercreme zu einer Kugel zusammenfügen und die Oberfläche mit der Creme bestreichen.

2 1 kg Rollfondant gelb einfärben, ausrollen und die Torte vollständig damit überziehen. Den Fondant rundherum vorsichtig andrücken, überschüssigen Fondant wegschneiden und die Nahtstellen verreiben. Die Torte in die Mitte der Tortenplatte stellen und die Oberfläche mit dem Glätter sorgfältig glatt streichen.

3 Mit dem Rand der Backform ein breites Lächeln in die Torte drücken und mit dem Finger Grübchen für die Mundwinkel modellieren. 45 g Rollfondant schwarz einfärben, ausrollen, anhand der Schablone auf S. 108 die Sonnenbrille ausschneiden und mit ein wenig Zuckerguss festkleben.

4 Für das Taschentuch als Kopfbedeckung 155 g weißen Fondant dünn ausrollen und daraus ein Rechteck von 12 x 8 cm schneiden. Das Taschentuch oben auf der Sonne positionieren und an den Seiten in Falten legen. Für die Ecken des Taschentuchs kleine, gebogene tropfenförmige Stücke modellieren, dazu kleine Kugeln für die Knoten. Unterschiedlich große weiße Kugeln rollen, fünf für die vordere und fünf für die hintere Wolke. Zuletzt den restlichen weißen Fondant ausrollen, die Kugeln damit überziehen und die Wolken glätten.

Trommler

Diese Torte sorgt auf jedem Festtagstisch für einen Paukenschlag.

ZUTATEN:
- 1,5 kg Rollfondant
- Lebensmittelfarben: Blau, Schwarz, Rot und Creme
- Etwas Puderzucker zum Ausrollen
- Runde Tortenplatte, 25 cm Durchmesser
- Passendes Stoffband
- 2 runde Tortenböden, 15 cm Durchmesser (s. S. 8)
- 375 g Buttercreme
- Zuckerguss zum Kleben
- Silberkordel
- Essbare silberne Dekoperlen

BENÖTIGTE GERÄTE:
- Ausrollstab
- Scharfes Küchenmesser
- Glätter
- Spaghetti
- Cocktailspieß/Zahnstocher
- Kleine runde Ausstechform
- 2 Lutscherstiele

Teile aus Rollfondant für den Soldaten

1 315 g Rollfondant blau einfärben und auf einer mit Puderzucker bestäubten Arbeitsfläche ausrollen. Die Tortenplatte damit überziehen, überstehenden Fondant an den Kanten der Platte abschneiden, diese mit passendem Stoffband einfassen und zum Trocknen beiseitestellen. Die Kruste von den Tortenböden entfernen und die Oberseiten plan schneiden. Die Böden mit Buttercreme zusammenfügen und die Oberfläche mit Buttercreme bestreichen.

2 600 g weißen Rollfondant ausrollen und daraus einen Streifen schneiden, der seitlich um die Torte passt. Den Streifen mit Puderzucker bestreuen, vorsichtig aufrollen und dann um die Torte herum abrollen. Die Naht mit Zuckerguss verkleben und verreiben. 250 g weißen Fondant ausrollen, die Torte daraufstellen und die Masse an der Kante entlang abschneiden. Die Torte umdrehen und vorsichtig mittig auf die Kuchenplatte setzen. Alle Oberflächen mit dem Glätter bearbeiten.

3 250 g Rollfondant schwarz einfärben. 100 g davon ausrollen und daraus einen Streifen schneiden, der um die Torte passt. Um die Torte legen und mit Zuckerguss ankleben. Auf die gleiche Weise den oberen schwarzen Streifen anbringen. Die Silberkordel mit einem Zahnstocher an den Zackenenden vorsichtig in den schwarzen Fondant drücken, aber nirgends an den Fondantmantel kleben. An jeden Ansatzpunkt eine silberne Dekoperle kleben.

4 75 g Rollfondant rot einfärben. Aus jeweils 7 g zwei Kugeln für die Trommelstöcke rollen, auf mit Zuckerguss bestrichene Lutscherstiele stecken und trocknen lassen. Für die Stiefel des Soldaten 7 g schwarzen Fondant in zwei Teile schneiden, tropfenförmige Stücke modellieren und an den Spitzen zusammenfügen. Die Hosen aus 30 g Fondant gleicher Farbe modellieren und die Stiefel an die Hosen kleben. Aus 45 g rotem Fondant den Rumpf der Jacke tropfenförmig modellieren, etwas platt drücken und die Enden gerade schneiden. Die Unterkante leicht ausziehen, sodass eine Höhlung entsteht, in die die Hose genau hineinpasst, und eine schmale Taille formen. Zwei wurstförmige Arme und den Kragen entsprechend der Abbildung formen.

5 Den restlichen Fondant cremefarben einfärben und daraus Kopf, Nase und Hände formen. Mit der runden Ausstechform einen Mund einschneiden. Aus schwarzem Fondant den Tschako, Gürtel und Kreuzbandelier formen und die Soldatenfigur entsprechend der Abbildung mit Zuckerguss zusammenkleben. Den Soldaten mit zwei silbernen Dekoperlen verzieren und die Trommelstöcke auf die Torte legen. Vor dem Servieren die Silberkordel entfernen.

Rollen Sie den Streifen aus Rollfondant um die Torte herum ab.

Stellen Sie die Torte auf die Fondantplatte und schneiden Sie rundherum die Masse weg.

Drücken Sie die Silberkordel mit einem Cocktailspieß fest.

Geschenkbeutel

Die Kinder werden begeistert sein, wenn sie diese Beutel mit nach Hause nehmen dürfen.

ZUTATEN:
- 2 kg Rollfondant
- Lebensmittelfarben: Grün, Rot, Blau, Goldbraun und Schwarz
- Etwas Puderzucker zum Ausrollen
- Runde Tortenplatte, 30 cm Durchmesser
- Passendes Stoffband
- 1 quadratischer Tortenboden, 20 cm Kantenlänge (s. S. 8)
- 375 g Buttercreme
- Zuckerguss zum Kleben
- Lutscher
- Glasierte Schokoladenbonbons
- Schwarzer Lebensmittelfarbstift

BENÖTIGTE GERÄTE:
- Ausrollstab
- Scharfes Küchenmesser
- Große Blütenblatt-Ausstechform
- Sehr kleine runde Ausstechform
- Cocktailspieß/Zahnstocher

1 375 g Rollfondant grün einfärben und auf einer mit Puderzucker bestäubten Arbeitsfläche ausrollen. Die Tortenplatte damit überziehen, überstehenden Fondant an den Kanten der Platte abschneiden, diese mit passendem Stoffband einfassen und zum Trocknen beiseitestellen. Die Kruste vom Tortenboden entfernen und die Oberseite plan schneiden. Den Boden entsprechend der Abbildung unten Mitte in neun gleiche Stücke teilen. Die einzelnen Stücke mit Buttercreme überziehen.

2 15 g weißen Rollfondant ausrollen, ein Törtchen umgekehrt daraufsetzen und den überstehenden Fondant entlang der Kante abschneiden. 150 g weißen Rollfondant ausrollen und die Bahn an einer Längsseite gerade abschneiden. Das Törtchen mit einer Seitenfläche so darauflegen, dass dessen Unterkante mit der Schnittkante abschließt. Den Fondantstreifen 2,5 cm oberhalb des Törtchens parallel zum ersten Schnitt beschneiden. Den Fondant um das Törtchen wickeln und überschüssige Zuckermasse an der Nahtstelle abschneiden. Die Naht mit Zuckerguss verkleben und gut verreiben. Die übrigen Törtchen auf die gleiche Weise überziehen.

3 Die Reste an weißem Fondant rot und blau einfärben, dünn ausrollen und mit der Blütenblatt-Ausstechform Luftballons ausstechen. Diese mit Zuckerguss seitlich an den Geschenkbeuteln aufkleben.

4 410 g Rollfondant goldbraun einfärben. Aus 20 g eine Kugel für den Rumpf eines Teddybären rollen. Aus 15 g eine zweite Kugel als Kopf rollen und auf den Rumpf. kleben. Aus 7 g zwei ovale Füße, eine kugelförmige Schnauze, zwei kleine Ohren und zwei wurstförmige Arme formen. In jedes Ohr mit dem Zahnstocher eine Vertiefung drücken und mit dem Küchenmesser einen Strich in die Schnauze ritzen. Mit der schräg angesetzten runden Ausstechform ein Mäulchen einschneiden und mit einem Zahnstocher Grübchen in die Mundwinkel drücken. Alle Teile mit Zuckerguss zusammenkleben.

5 Auf die gleiche Weise acht weitere Teddybären herstellen. Dabei die Köpfe in verschiedene Richtungen schauen lassen. Einen Rest Rollfondant schwarz einfärben, daraus dreieckige Näschen modellieren und ankleben. Jeden Beutel mit einem Teddy, einem Lutscher und ein paar Schokoladenbonbons füllen. Wenn die Törtchen getrocknet sind, mit dem schwarzen Lebensmittelfarbstift die Schnüre für die Luftballons auf die Beutel und die Augen der Teddybären malen. Zuletzt die Törtchen auf die Tortenplatte stellen und darauf achten, dass die Luftballons nach außen zeigen.

Einzelteile für den Teddybären aus Fondant

Bestreichen Sie die Quader des Tortenbodens mit Buttercreme.

Schlagen Sie um jedes Tortenstück weißen Rollfondant.

Fliegende Untertasse

Weltraumfans erteilen diesem fremden Flugobjekt sicherlich Landeerlaubnis.

Zutaten:

- 1 kg Rollfondant
- Lebensmittelfarben: Blau, Schwarz, Gelb und Grün
- Etwas Puderzucker zum Ausrollen
- Runde Tortenplatte, 35 cmDurchmesser
- 1 Tortenboden aus der Zweiliter-Schüsselform (s. S. 9)
- 185 g Buttercreme
- Zuckerguss zum Kleben
- Lakritzstangen
- Fruchtgummis oder Fruchtbonbons

Benötigte Geräte:

- Ausrollstab
- Scharfes Küchenmesser
- Glätter
- Cocktailspieße/Zahnstocher
- Kleine runde Ausstechform
- Spritzbeutel

Tipp:

Wegen der daran haftenden Styroporpartikel sollten die Fruchtgummis und Lakritzstangen der Umrandung des Tortenbodens nicht verzehrt werden.

1 750 g Rollfondant blau einfärben und auf einer mit Puderzucker bestäubten Arbeitsfläche ausrollen. Die Tortenplatte damit überziehen, überstehenden Fondant an den Kanten der Platte abschneiden und die Platte zum Trocknen beiseitestellen. Die Kruste vom Tortenboden entfernen und die Oberseite plan schneiden. Den Boden umdrehen und mit Buttercreme bestreichen, dann auf dieTortenplatte legen.

2 Den restlichen blauen Fondant ausrollen und den oberen Teil der Torte damit überziehen. Unten einen Rand von zirka 5 cm frei lassen. Überschüssigen Fondant abschneiden und die Fondantfläche mit dem Glätter bearbeiten.

3 140 g Rollfondant schwarz einfärben, dünn ausrollen und daraus einen Streifen zurechtschneiden, der genau in die Lücke am unteren Rand der Torte passt. Aus Resten von blauem Rollfondant schmale Streifen schneiden und als Fensterbegrenzungen mit Zuckerguss auf den schwarzen Streifen der fliegenden Untertasse kleben.

4 Den übrigen Rollfondant gelbgrün einfärben. Für die Außerirdischen eine Kugel rollen und daraus einen Hals ausziehen. Den Kopf in eine längliche, dünne Form modellieren. Mit dem Zahnstocher vorsichtig Nasenlöcher sowie Löcher zum Befestigen der Antennen einstechen. Diese werden erst nach dem Befestigen der Außerirdischen auf derTorte angebracht.

5 Mit dem schräg angesetzten Kreisausstecher den Mund einschneiden und schwarze Kügelchen für die Augen rollen. Auf diese Weise alle Außerirdischen in verschiedenen Größen modellieren und mit Zuckerguss auf die fliegende Untertasse kleben.

6 Aus grünem Fondant einen langen, dünnen Strang rollen und davon kurze Stücke für die Antennen abschneiden. Die Antennen mit Zuckerguss in die dafür vorgesehenen Löcher kleben und dann je ein schwarzes Kügelchen an das Ende jeder Antenne kleben.

Fortsetzung nächste Seite

Formen Sie aus gelbgrünem Rollfondant Kugeln für Köpfe, Hälse und Ohren der Außerirdischen.

7 Lakritzstangen und Fruchtgummis mit Zuckerguss an die Außenkante der Tortenplatte kleben. Darauf achten, dass der Abstand zwischen den Fruchtgummis einigermaßen gleichmäßig ist. Als Antennen zwei Lakritzstangen oben in die fliegende Untertasse stecken. Je ein Loch in zwei Fruchtgummis bohren und diese vorsichtig auf die Enden der Lakritzstangen stecken. Jetzt ist alles bereit, und das Raumschiff mit den Außerirdischen kann starten!

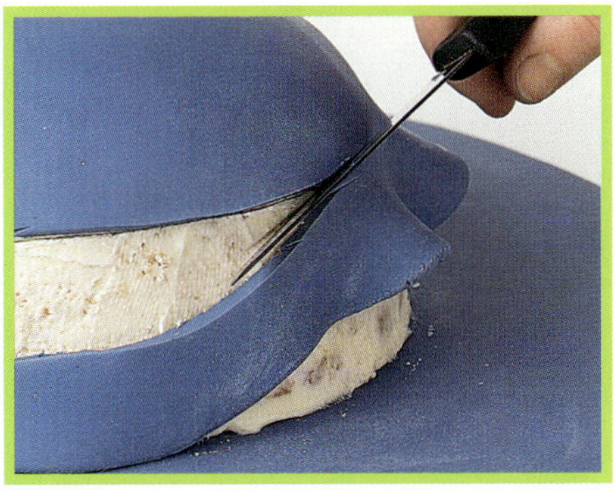

Schneiden Sie an der unteren Kante der Torte einen Streifen Rollfondant ab.

Verzieren Sie die Kante der Tortenplatte mit Lakritzstangen und Bonbons.

Sorgen Sie für eine glatte Oberfläche, Indem Sie in jeder Arbeitsphase den Glätterverwenden.

Hund mit Knochen

Eine ungewöhnliche und einfache Torte für Hundeliebhaber – Backen ist nicht nötig!

Zutaten:

- 1,5 kg Rollfondant
- Lebensmittelfarben: Schwarz und Rot
- Etwas Puderzucker zum Ausrollen
- Rechteckige Tortenplatte, 25 x30 cm
- 250 g Buttercreme
- Passendes Stoffband
- 1 Biskuitrolle, mit Marmelade gefüllt
- 4 Muffins
- 250 g Buttercreme

Benötigte Geräte:

- Ausrollstab
- Scharfes Küchenmesser
- Cocktailspieß/Zahnstocher

Tipp:

Stellen Sie sicher, dass der Überzug der Tortenplatte vollständig trocken ist, bevor Sie die Torte mit Fondant überziehen.

1 470 g Rollfondant schwarz einfärben und auf einer mit Puderzucker bestäubten Arbeitsfläche ausrollen. Die Tortenplatte damit überziehen, überstehenden Fondant an den Kanten der Platte abschneiden. 60 g weißen Rollfondant dünn ausrollen, in schmale Streifen schneiden und diese mit Zuckerguss auf die Tortenplatte kleben. 75 g Rollfondant rot einfärben, dünn ausrollen, zu etwas breiteren Streifen schneiden und damit das Karomuster vervollständigen. Die Tortenplatte mit passendem Stoffband einfassen und zum Trocknen beiseitestellen.

2 Die Biskuitrolle schräg auf die Tortenplatte legen und an jedem Ende zwei Muffins daran setzen, sodass eine Knochenform entsteht. Das Gebäck mit Buttercreme überziehen, auch die Zwischenräume mit Buttercreme füllen.

3 625 g weißen Rollfondant ausrollen und die Torte vollständig damit überziehen. Dabei den Fondant am Knochen andrücken. Vorsichtig an der Unterkante entlangstreichen und überschüssige Masse unter den Knochen schieben.

4 Für den Hund aus 140 g weißem Fondant eine dicke Wurst rollen. Entsprechend der Abbildung unten Mitte zunächst ein Ende einschneiden, um die Vorderbeine voneinander zu trennen. Die Beine in die Länge ziehen, Falten glätten und abgerundete Pfoten formen. Den Rumpf des Hundes rundherum mit den Fingern leicht eindrücken, sodass er in der Mitte dünner wird. Aus je 30 g Rollfondant ein schwarzes und ein weißes Hinterbein formen. Die oberen Enden der Hundebeine flach drücken und mit Zuckerguss an den Rumpf kleben. Mit der Längsseite eines Zahnstochers die Zehen des Hundes imitieren.

5 Aus 15 g rotem Rollfondant eine Scheibe formen und als Halsband auf den Hals des Hundes kleben. Aus 90 g weißem Fondant eine Kugel für den Kopf und zwei abgeflachte Tropfen für die Schnauze formen, dazu zwei winzige ovale Augen. Mit einem Zahnstocher Löcher in die Schnauze stechen.

6 Einen schwarzen Augenfleck auf den Kopf drücken und völlig glatt streichen. Anschließend die Augen und die schwarzen Pupillen aufkleben. Eine breite, dreieckige Nase, zwei längliche, tropfenförmige Ohren, und aus rotem Fondant eine Zunge modellieren. Die Teile am Kopf befestigen und diesen mit Zuckerguss auf das Halsband kleben. Zuletzt einen langen, spitz zulaufenden Strang für den Schwanz rollen und ankleben und verschieden große schwarze Flecken auf den Körper kleben.

Kopf, Ohren und Halsband des Hundes

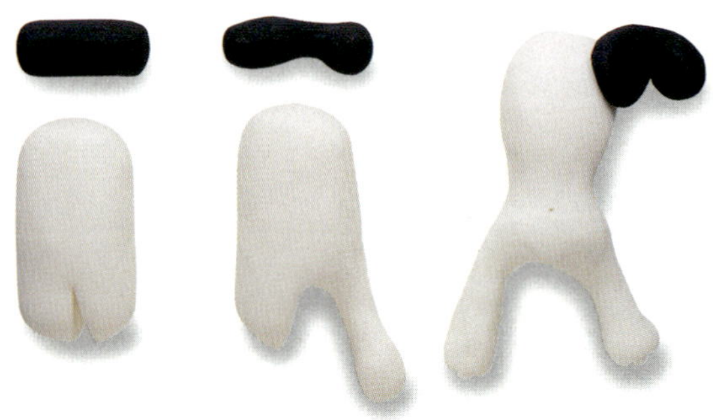

Formen Sie aus weißem Rollfondant Rumpf und Beine des Hundes.

Legen Sie Biskuitroulade und Muffins so auf die Tortenplatte, dass sie einen Knochen ergeben.

Schminktasche

Man kann auch echte Schminkutensilien auf der Tortenplatte verteilen.

ZUTATEN:

- 1,25 kg Rollfondant
- Lebensmittelfarben: Rosa, Blau und Flieder
- Etwas Puderzucker zum Ausrollen
- Runde Tortenplatte, 25 cm Durchmesser
- Passendes Stoffband
- Runder Tortenboden, 18 cm Durchmesser (s. S. 8)
- 315 g Buttercreme
- Zuckerguss zum Kleben
- Speisefarbenpulver: Dunkelblau, Dunkelviolett, Gold, Altrosa, Silber, Rosa, Flieder und Weiß

BENÖTIGTE GERÄTE:

- Ausrollstab
- Küchenmesser
- Kleine und große Blümchen-Ausstechformen
- Mittelgroßer Pinsel
- Runde Ausstechform, 4,5 cm Durchmesser
- Schablone (s. S. 109)

Füllen Sie die Töpfchen mit verschiedenen Speisefarbpulvern.

1 315 g Rollfondant blassrosa einfärben und auf einer mit Puderzucker bestäubten Arbeitsfläche ausrollen. Die Tortenplatte damit überziehen, überstehenden Fondant an den Kanten der Platte abschneiden. Die Tortenplatte mit passendem Stoffband einfassen und zum Trocknen beiseitestellen. Die Kruste vom Tortenboden entfernen und die Oberseite plan schneiden. Ein 3,5 cm breites Stück vom Boden abschneiden, damit die Schminktasche eine flache Unterseite hat. Die Oberfläche mit Buttercreme bestreichen. 220 g weißen Rollfondant ausrollen, die Torte mit der Rückseite darauflegen und den Fondant entlang der Kante abschneiden. Die Vorderseite auf die gleiche Weise überziehen. 100 g Rollfondant blau einfärben, 30 g davon dünn ausrollen und daraus einen Streifen schneiden, der längs auf die Öffnung in der Oberkante der Torte passt.

2 200 g weißen Rollfondant ausrollen und daraus zwei Streifen schneiden, um die Oberseite der Torte so zu bedecken, dass der blaue Streifen sichtbar bleibt. Mit der Rückseite des Küchenmessers kleine Querrillen in die Kanten der weißen Streifen drücken und je eine Längslinie ziehen, damit das Ganze aussieht wie ein offener Reißverschluss. Zwei lange, dünne weiße Stränge ausrollen, um die Kanten der Tasche zu verkleiden. Die Torte auf die Tortenplatte stellen. 30 g weißen Fondant dünn ausrollen, mit der großen Ausstechform zehn Blüten ausstechen und mit Zuckerguss aufkleben. Das Blütenzentrum jeweils mit einer abgeflachten Kugel aus rosa Fondantresten füllen. Mit der kleinen Ausstechform eine Blüte für den Schlitten des Reißverschlusses ausstechen und mit Zuckerguss ankleben.

3 Für die Schminke 45 g Rollfondant altrosa und 22 g blassviolett einfärben. Für den Spiegel den altrosa Fondant ausrollen und entsprechend der Schablone auf S. 109 ein Herz sowie mit der Ausstechform eine runde Scheibe ausstechen. Die Teile zusammenkleben und auf der Tortenplatte befestigen. Aus der restlichen altrosa Zuckermasse eine Rolle für das Unterteil der Schminktube und einen dünnen Strang als Griff des Wattestäbchens modellieren. Um ein Töpfchen für Lidschatten zu formen, eine Vertiefung in eine Kugel aus Rollfondant drücken und glatt streichen. Aus blassviolettem Fondant eine weitere Tube formen, die Spitze eines Lippenstiftes, einen kleinen Strang für ein Wattestäbchen und die Pinselborsten, die man mit dem Messer ritzt.

4 Aus fliederfarbenem Fondant ein weiteres Schminktöpfchen, die Lippenstifthülle und einen passenden Deckel, den Pinselstiel, eine runde Nagellackflasche und eine Schminkstiftspitze modellieren. Aus weißem Fondant noch zwei Schminktöpfchen, den spitzen Verschluss der Nagellackflasche, den walzenförmigen Deckel der Schminktube, den Schminkstift und die Enden der Wattestäbchen formen. Alles mit Zuckerguss zusammenkleben. Rosa und violettes Speisefarbpulver an mehreren Stellen auf der Torte ganz dünn verreiben. Die Lidschattentöpfchen mit verschiedenfarbigem Speisefarbpulver füllen, beide Enden des Wattestäbchens hineintauchen. Mit dem Pinsel die Nagellackflasche mit blauem, Spiegel, Deckel und Schminkstift mit silberfarbenem Speisefarbenpulver bestäuben.

Befestigen Sie einen Streifen blauen Fondant in der Mitte der Torte.

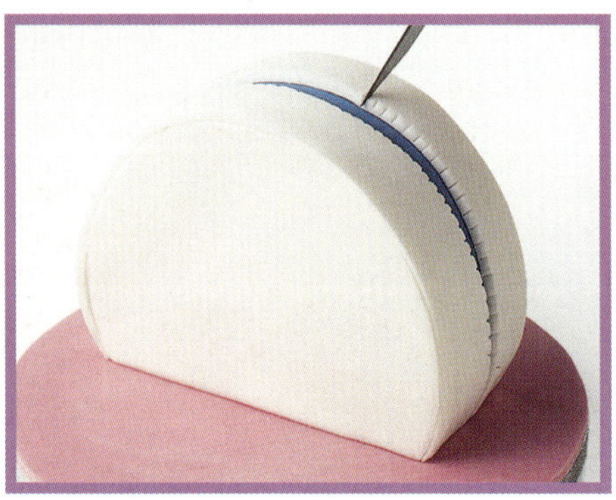

Ritzen Sie die Zacken des Reißverschlusses mit einem Küchenmesser ein.

Tragen Sie silbernes Speisefarbenpulver auf den Spiegel auf.

Riesenformkuchen

Ein Riesenkuchen mit einem süßen Teddybären – das Richtige für Kleinkinder

ZUTATEN:

- 1,5 kg Rollfondant
- Lebensmittelfarben: Blau, Goldbraun, Schwarz, Rot und Grün
- Etwas Puderzucker zum Ausrollen
- Runde Tortenplatte, 25 cm Durchmesser
- Passendes Stoffband
- 1 Tortenboden in Briocheform, 9,5 x 22 cm (s. S. 8)
- 220 g Buttercreme
- Zuckerguss zum Kleben

BENÖTIGTE GERÄTE:

- Ausrollstab
- Küchenmesser
- Schere
- Modellierstab
- Kleine runde Ausstechform
- Cocktailspieß/Zahnstocher
- 1 mittelgroßer und 1 großer Blütenausstecher (s. S. 5)

TIPP:

Achten Sie darauf, dass die seitlich aufgetragene Buttercreme noch nicht fest ist, wenn Sie die Torte mit weißem Rollfondant überziehen, sonst kann sich beim Umdrehen der Torte der Fondantmantel ablösen.

1 315 g Rollfondant blau einfärben und auf einer mit Puderzucker bestäubten Arbeitsfläche ausrollen. Die Tortenplatte damit überziehen, überstehenden Fondant an den Kanten abschneiden. Die Tortenplatte mit passendem Stoffband einfassen und zum Trocknen beiseitestellen.

2 Den Tortenboden stürzen, die Unterseite und die Seiten mit Buttercreme bestreichen. 750 g weißen Rollfondant ausrollen und die Torte damit überziehen. Den Fondant dabei gut in die Furchen drücken. Den überstehenden Fondant mit der Schere so abschneiden, dass der Rand etwa 1 cm über den Kuchen ragt. Den Kuchen vorsichtig umdrehen und mittig auf die Tortenplatte stellen.

3 Für die Oberseite der Torte 185 g weißen Rollfondant ausrollen, die Kante in geschwungenen Wellen abrunden und die Fondantplatte mit Buttercreme auf der Torte befestigen.

4 Für den Teddybären zunächst 185 g Zuckermasse goldbraun färben. 60 g davon für den Körper und 75 g für den Kopf zu Kugeln rollen. Den Kopf mit Zuckerguss auf den Körper kleben. Aus dem Rest zwei keulenförmige Arme, zwei flache, ovale Füße, eine platt gedrückte ovale Schnauze und zwei Kugelohren modellieren.

5 Mit dem dünnen Ende des Modellierstabes eine Vertiefung in jedes Ohr drücken. Mit der schräg angesetzten runden Ausstechform einen Mund einschneiden und mit dem Zahnstocher Grübchen in die Mundwinkel drücken. Mit dem Messer eine senkrechte Linie von der Nase zum Mund einkerben. Aus weißem Fondant zwei weiße ovale Augäpfel formen. Eine ganz kleine Menge Fondant schwarz einfärben und daraus Nase und Pupillen modellieren.

6 Aus Resten von weißem Fondant einen Kegel formen und auf den Kopf des Teddys kleben. Den verbleibenden Fondant rot und grün einfärben. Aus der roten Masse eine Kirsche formen und mit dem Zahnstocher einen Stängelansatz hineindrücken.

7 Die restliche rote Masse ausrollen, mit der Blüten-Ausstechform Blumen ausstechen und diese rund um die Tortenplatte und außen an der Torte aufkleben. Aus grüner Masse kleine Blättchen modellieren und ebenfalls auf die Torte kleben. Zuletzt rote und grüne Reste ausrollen und in schmale Streifen schneiden. Damit den Hut des Bären verzieren.

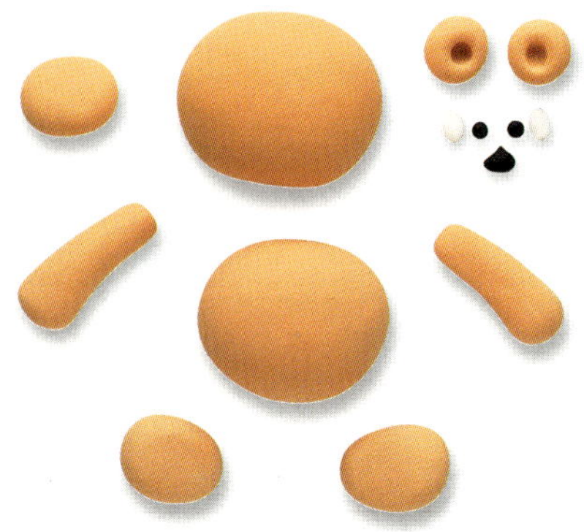

Einzelteile aus Rollfondant für den Teddybären

Schneiden Sie die Kante des Überzuges aus Rollfondant zurecht.

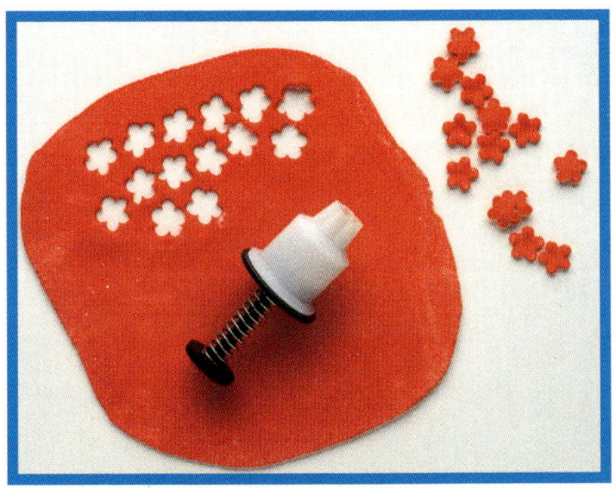

Die Blümchen erhalten Sie mittels eines Blütenausstechers, am besten mit Auswerfer.

Schmuckkästchen

Dieses hübsche Schmuckkästchen wird jedes kleine Mädchen entzücken.

ZUTATEN:

- 1,4 kg Rollfondant
- Lebensmittelfarben: Blau und Rosa
- Etwas Puderzucker zum Ausrollen
- Tortenplatte in Blütenform, 30 cm Durchmesser
- Passendes Stoffband
- 1 quadratischer Tortenboden, 20 cm Kantenlänge (s. S. 8)
- 410 g Buttercreme
- Zuckerguss zum Kleben
- Pfefferminzbonbons, essbare silberne Dekoperlen, Brausehalsketten, kleine Bonbons,
- Rosa Speisefarbpulver

BENÖTIGTE GERÄTE:

- Ausrollstab
- Küchenmesser
- Glätter
- Schablone (s. S. 110)
- Mittelgroßer Pinsel

1 375 g Rollfondant blau einfärben und auf einer mit Puderzucker bestäubten Arbeitsfläche ausrollen. Die Tortenplatte damit überziehen, überstehenden Fondant an den Kanten abschneiden. Die Tortenplatte mit passendem Stoffband einfassen und zum Trocknen beiseitestellen. Die Kruste vom Tortenboden entfernen und die Oberseite plan schneiden.

2 Den Tortenboden halbieren, die Hälften übereinanderlegen und mit Buttercreme wieder zusammensetzen. Die Oberfläche mit Buttercreme überziehen.

3 Den restlichen weißen Fondant ausrollen, die Torte seitlich darauflegen und mit dem Küchenmesser an der Kante entlangschneiden. Die anderen Seiten der Torte in gleicher Weise überziehen und die Nahtstellen gut verreiben. Nun die Oberseite überziehen. Dabei den Deckel etwas überstehen lassen.

4 Die Torte in die Mitte der Tortenplatte stellen und die Oberflächen mit dem Glätter bearbeiten. Spachtel. Mit dem Finger vorsichtig kleine Mulden in den überstehenden Deckelrand drücken, damit er eine leichte Welle bildet.

5 Die Fondantreste rosa einfärben, ausrollen und anhand der Schablone auf S. 110 Ballettschuhe ausschneiden. Die Kanten der Schuhe abrunden und eine längliche Mulde in Fußform hineindrücken. Den restlichen rosa Fondant dünn ausrollen und daraus Schuhbänder schneiden. Schuhe und Bänder mit Zuckerguss auf die Vorderseite der Torte kleben.

6 Die Torte mit den Süßigkeiten dekorieren, die den Schmuck darstellen. Dazu von der Tortenplatte ausgehend eine Kette aus Pfefferminzbonbons Stück für Stück mit Zuckerguss aneinanderkleben. Aus weißem Fondant einen Ring formen und diesen mit Silberperlen als Diamanten verzieren. Weitere Schmuckstücke aus Silberperlen nach Belieben formen, ebenso eine Halskette aus Brausebonbons. Die Torte nach dem Trocknen mithilfe des Pinsels mit rosa Speisefarbpulver bestäuben.

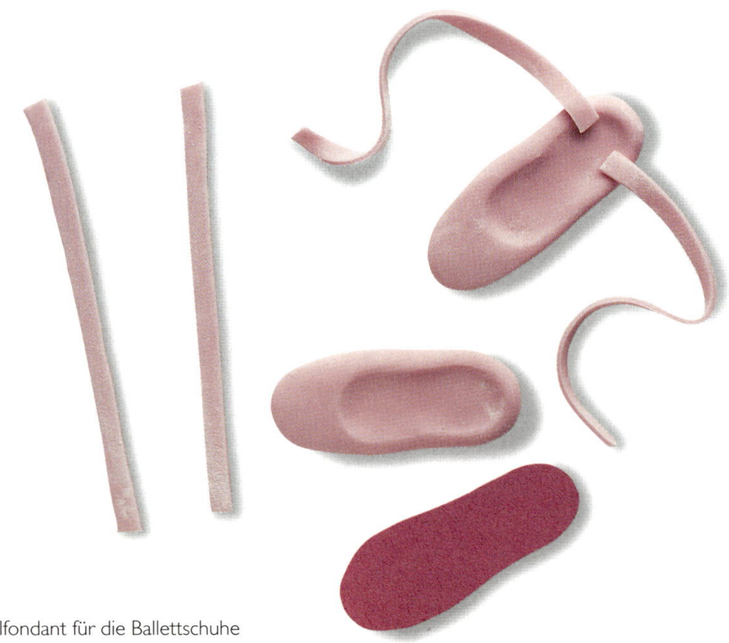

Teile aus Rollfondant für die Ballettschuhe

Schneiden Sie den Rollfondant entlang der Tortenkante bündig ab.

Süßer Marienkäfer

Dieser süße Marienkäfer ist mit Sicherheit die Attraktion der Geburtstagsparty.

ZUTATEN:

- 1,35 kg Rollfondant
- Lebensmittelfarben: Grün, Rot, Schwarz und Gelb
- Etwas Puderzucker zum Ausrollen
- Runde Tortenplatte, 30 cm Durchmesser
- Passendes Stoffband
- 1 Tortenboden aus der Zweiliter-Schüsselform (s. S. 8)
- 185 g Buttercreme
- Zuckerguss zum Kleben
- 2 Lakritzstangen

BENÖTIGTE GERÄTE:

- Küchenmesser
- Ausrollstab
- Runde Ausstechform, 4 cm Durchmesser

TIPP:

Verwenden Sie nicht zu viel Zuckerguss zum Befestigen des Kopfes am Körper, weil der Kopf sonst verrutschen könnte.

1 375 g Rollfondant grün einfärben und auf einer mit Puderzucker bestäubten Arbeitsfläche ausrollen. Die Tortenplatte damit überziehen, überstehenden Fondant an den Kanten abschneiden. Die Tortenplatte mit passendem Stoffband einfassen und zum Trocknen beiseitestellen.

2 Die Kruste vom Tortenboden entfernen und die Oberseite plan schneiden. Den Boden umdrehen und die Oberfläche mit Buttercreme bestreichen.

3 625 g Rollfondant rot einfärben, ausrollen und die Torte damit überziehen, dabei die Masse vorsichtig andrücken und überschüssige Masse entlang der Unterkante entfernen. Die Torte mittig auf die Tortenplatte setzen und mit dem Messerrücken eine Rille längs über den Rücken des Marienkäfers ziehen.

4 155 g Rollfondant schwarz einfärben, aus 125 g davon den runden Kopf des Käfers rollen. Mit dem schräg angesetzten Ringausstecher einen Mund hineinschneiden und mit dem Finger Mulden als Grübchen in die Mundwinkel drücken. Den Kopf mit Zuckerguss auf den Leib des Käfers kleben. Eventuell mit einem Zahnstocher abstützen.

5 Zwei Lakritzstangen als Fühler in den Kopf des Marienkäfers stecken und je eine kleine Kugel aus schwarzem Rollfondant an den Fühlerspitzen befestigen.

6 Zwei kleine Kügelchen aus weißem Fondant als Augäpfel formen und auf den Kopf des Marienkäfers drücken. Aus dem übrigen schwarzen Fondant zwei Pupillen formen. Den Rest dünn ausrollen und sechs runde Scheiben als Rückenflecken ausstechen. Alles mit Zuckerguss aufkleben.

7 Den restlichen Rollfondant gelb einfärben und daraus keulenförmige Blütenblätter modellieren. Diese etwas flach drücken und rund um den Marienkäfer mit Zuckerguss auf die Tortenplatte kleben. Darauf achten, dass sie nicht über die Tortenplatte ragen.

8 Schmalere und kürzere Blütenblätter ausformen und diese als zweite Lage über die erste kleben, wobei die Blütenblätter dieser zweiten Lage entsprechend der Abbildung leicht umgebogen werden.

Einzelteile aus Rollfondant für den Kopf des Marienkäfers

Formen Sie aus kleinen Stücken von gelbem Rollfondant Blütenblätter.

Ritzen Sie vorsichtig eine Linie längs über die ganze Torte.

Gespensterturm

Die perfekte Torte für jeden kleinen Geisterjäger, der sich gerne gruselt

ZUTATEN:

- 1,5 kg Rollfondant
- Lebensmittelfarben: Dunkelblau, Schwarz und Rosa
- Etwas Puderzucker zum Ausrollen
- Runde Tortenplatte, 20 cm Durchmesser
- Passendes Stoffband
- 1 quadratischer Tortenboden, 20 cm Kantenlänge (s. S. 8)
- 375 g Buttercreme
- Zuckerguss zum Kleben
- Silbernes Speisefarbpulver

BENÖTIGTE GERÄTE:

- Ausrollstab • Küchenmesser
- Feiner Pinsel • Glätter
- Kleine quadratische Ausstechform

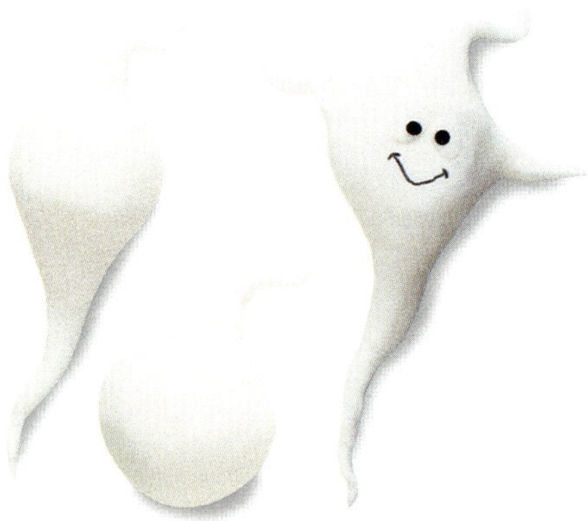

Formen Sie aus weißem Fondant Gespenster.

1 375 g Rollfondant dunkelblau einfärben. 280 g davon auf einer mit Puderzucker bestäubten Arbeitsfläche ausrollen. Die Tortenplatte damit überziehen, überstehenden Fondant an den Kanten abschneiden. Die Tortenplatte mit passendem Stoffband einfassen und zum Trocknen beiseitestellen. Die Kruste des Tortenbodens entfernen und die Oberseite plan schneiden. Den Boden in vier gleiche Teile und diese kreisförmig zuschneiden. Die vier Teile mit Buttercreme zusammenfügen und die Oberfläche anschließend mit Buttercreme bestreichen.

2 1 kg Rollfondant mit wenig Blau und wenig Schwarz schwach blaugrau einfärben. 875 g davon ausrollen und die Torte darauflegen. Den Fondant um die Torte rollen und überschüssigen Fondant an der Naht und an den Kanten abschneiden. Die Naht mit Zuckerguss verkleben und gut verreiben. Die Torte vorsichtig auf der Arbeitsfläche hin und her rollen, um Falten zu beseitigen. Die Oberfläche der Torte mit dem Glätter bearbeiten.

3 Die Torte mit Zuckerguss auf die Tortenplatte kleben. Den restlichen dunkelblauen Fondant ausrollen und daraus eine passende runde Scheibe für die Oberseite des Turms schneiden. An den für Tor und Fenster vorgesehenen Stellen den grauen Rollfondant ausschneiden und die Lücken mit dunkelblauem Fondant füllen.

4 Den restlichen blaugrauen Fondant ausrollen und einen 5 cm breiten Streifen ausschneiden. Mit der kleinen quadratischen Ausstechform Zinnen ausstechen. Die Oberkante des Turms mit etwas Zuckerguss dünn einstreichen, die Zinnen zusammenrollen und entlang der Oberkante des Turms entrollen. Den Streifen gut andrücken, die Naht verkleben und glattstreichen.

5 Die Reste des grauen Fondants in drei Teile teilen und mit etwas blauer, schwarzer und rosa Lebensmittelfarbe unterschiedlich abtönen. Daraus unregelmäßige abgeplattete Kugeln formen, die wie Feldsteine aussehen, und diese rund um den Turm sowie um die Fenster und das Tor kleben. Passende Stücke für die Fenstersimse zuschneiden und ankleben. Die Treppe so aufbauen, dass die unterste Stufe die dickste ist und die Stufen nach oben hin immer dünner werden.

6 Aus weißem Fondant einen langen, dünnen, spitz zulaufenden Gespensterschwanz formen, um die Torte legen und bis zum obersten Fenster hinauf winden. Aus weißem Fondant die anderen Gespenster modellieren und mit Zuckerguss ankleben. Dabei einige Sekunden in Position halten, bis sie angetrocknet sind. Abgeflachte weiße Kügelchen für die Augen aufkleben. Nach dem Trocknen der Torte mit dem dünnen Pinsel und schwarzer Lebensmittelfarbe Augen und Münder auf die Gespenster malen. Die Torte leicht mit silbernem Speisefarbenpulver bestäuben.

Schneiden Sie den Boden in vier gleich große runde Stücke.

Rollen Sie den blaugrauen Rollfondant um den Tortenboden.

Stechen Sie mit der kleinen rechteckigen Ausstechform Zinnen aus.

Niedliches Küken

Der perfekte Kuchen für einen Kleinkindergeburtstag, aber auch für Ostern

ZUTATEN:
- 1,8 kg Rollfondant
- Lebensmittelfarben: Grün, Gelb, Orange und Schwarz
- Etwas Puderzucker zum Ausrollen
- Runde Tortenplatte, 30 cm Durchmesser
- Passendes Stoffband
- 1 Tortenboden aus der Zweiliter-Schüsselform und 1 Tortenboden aus der Halbliter-Schüsselform (s. S. 9)
- 440 g Buttercreme
- Zuckerguss zum Kleben

BENÖTIGTE GERÄTE:
- Ausrollstab
- Küchenmesser
- Glätter

1 375 g Rollfondant grün einfärben und auf einer mit Puderzucker bestäubten Arbeitsfläche ausrollen. Die Tortenplatte damit überziehen, überstehenden Fondant an den Kanten abschneiden. Die Tortenplatte mit passendem Stoffband einfassen und zum Trocknen beiseitestellen. Die Kruste von den Tortenböden entfernen, aber die durch das Backen entstandenen Wölbungen nicht abschneiden. Den großen Boden in drei, den kleinen Boden in zwei Schichten schneiden und diese mit Buttercreme wieder zusammensetzen.

2 Die Tortenteile umdrehen (sie werden in dieser Position verziert) und mit Buttercreme bestreichen. 1,25 kg Rollfondant gelb einfärben und ein 30 g großes Stück als kalottenförmige Erhöhung auf den Kopf des Kükens setzen.

3 625 g gelben Fondant ausrollen und den größeren Tortenteil vollständig damit überziehen. Überschüssigen Fondant auf der Unterseite zusammenschieben. 375 g gelben Fondant ausrollen und den kleineren Boden genauso überziehen. Die Torte auf die Tortenplatte setzen – den kleineren Teil auf den größeren –, und mit Zuckerguss befestigen. Die Oberfläche der Torte mit dem Glätter glatt streichen.

4 Für die Flügel sechs lange, gelbe, tropfenförmige Stücke modellieren und diese so seitlich am Körper des Kükens festkleben, dass sie nach unten hin größer werden und in einer Biegung bis zum Rücken reichen. Drei kleinere dornförmige Teile für den Schwanz und drei tropfenförmige für den Federschopf modellieren. Alles am Küken festkleben und die Spitzen kräuseln.

5 Eine ganz kleine Menge Rollfondant schwarz und den Rest orange einfärben. Die orangefarbene Masse in drei gleiche Teile teilen. Zwei der Stücke zu ovalen Scheiben für die Füße modellieren. Entsprechend der Abbildung unten links vier Spitzen ausziehen. Die Füße des kleinen Kükens an der Torte festkleben und in die Fußsohlen eine Mulde drücken.

6 Das übrige Stück orangefarbenen Fondants zu einem Strang rollen. Die Enden so formen, dass der Strang links und rechts der Mitte dünner wird – das ist der Schnabel. Den Schnabel in der unteren Hälfte des Gesichts ankleben. Schließlich aus schwarzem Fondant zwei ovale Augen rollen und diese mit ein wenig Zuckerguss eng zusammenstehend mitten ins Gesicht des kleinen Kükens kleben.

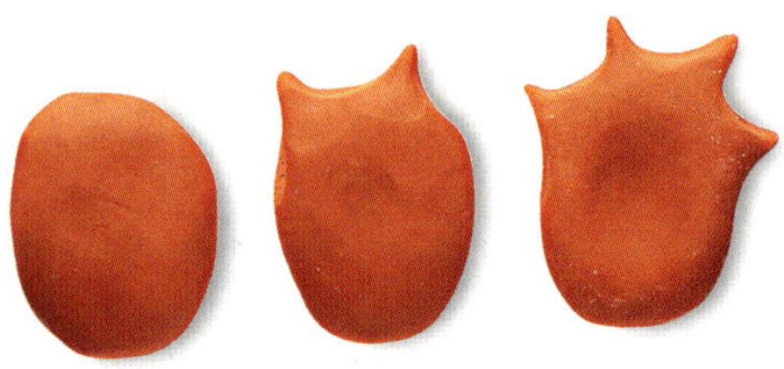

Teile aus Rollfondant für die Schwimmfüßchen des Kükens

Fügen Sie die Tortenböden mit Buttercreme zusammen.

Überziehen Sie beide Böden mit Rollfondant.

Vorlagen

Flowerpower
(S. 77)
Blütenblatt
Flowerpower
(S. 77)
Schmetterlingsflügel
Zirkusclown
(S. 52f.)
Hutkrempe
Zircusclown
(S. 52f.)
Mund
Zirkusclown
(S. 52f.)
Auge
Prächtige Krone
(S. 80)
Krone, Teil b
Prächtige Krone
(S. 80)
Krone, Teil a
Die Sonne lacht
(S. 87)
Brille

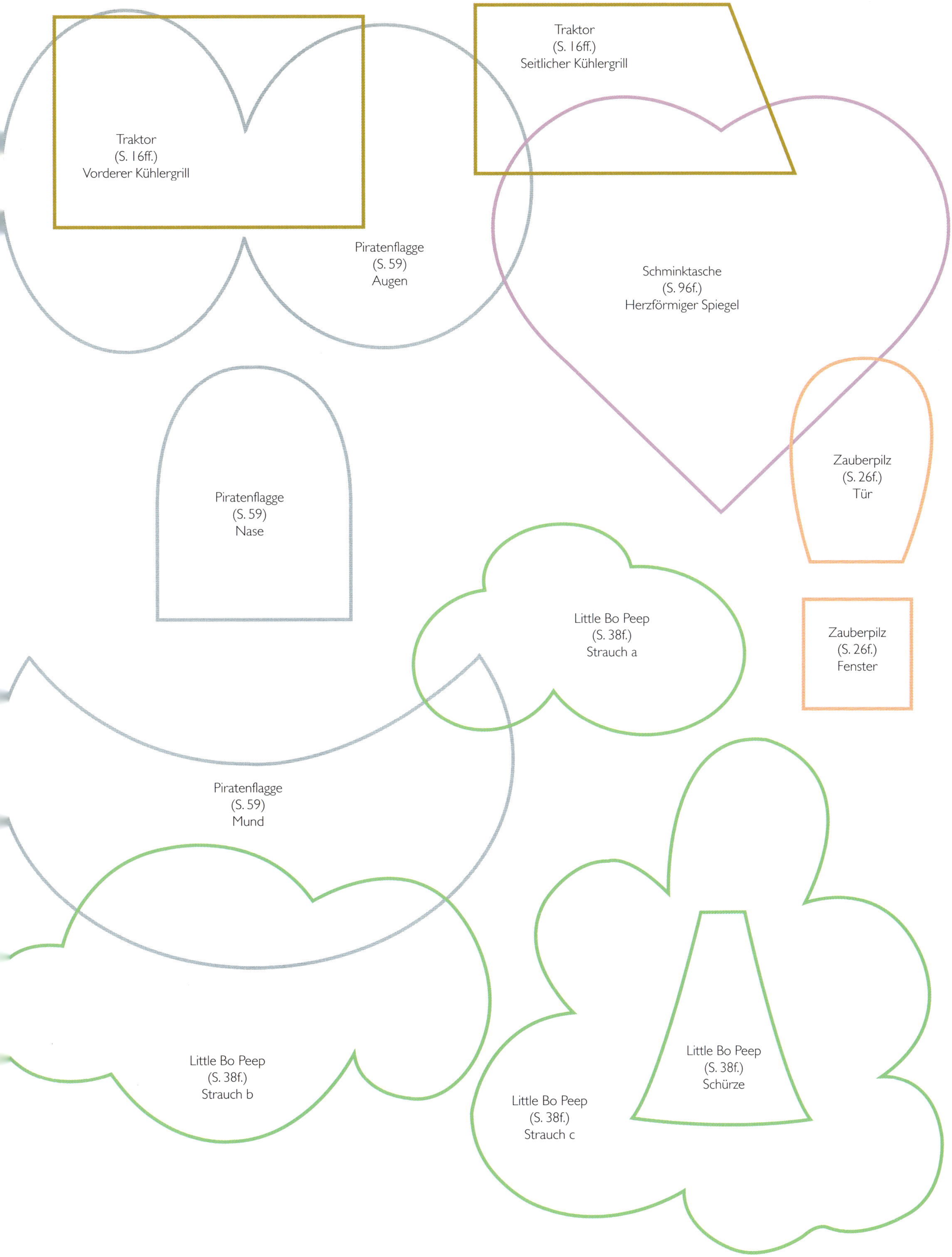
Traktor
(S. 16ff.)
Vorderer Kühlergrill
Piratenflagge
(S. 59)
Augen
Traktor
(S. 16ff.)
Seitlicher Kühlergrill
Schminktasche
(S. 96f.)
Herzförmiger Spiegel
Piratenflagge
(S. 59)
Nase
Zauberpilz
(S. 26f.)
Tür
Little Bo Peep
(S. 38f.)
Strauch a
Zauberpilz
(S. 26f.)
Fenster
Piratenflagge
(S. 59)
Mund
Little Bo Peep
(S. 38f.)
Strauch b
Little Bo Peep
(S. 38f.)
Schürze
Little Bo Peep
(S. 38f.)
Strauch c

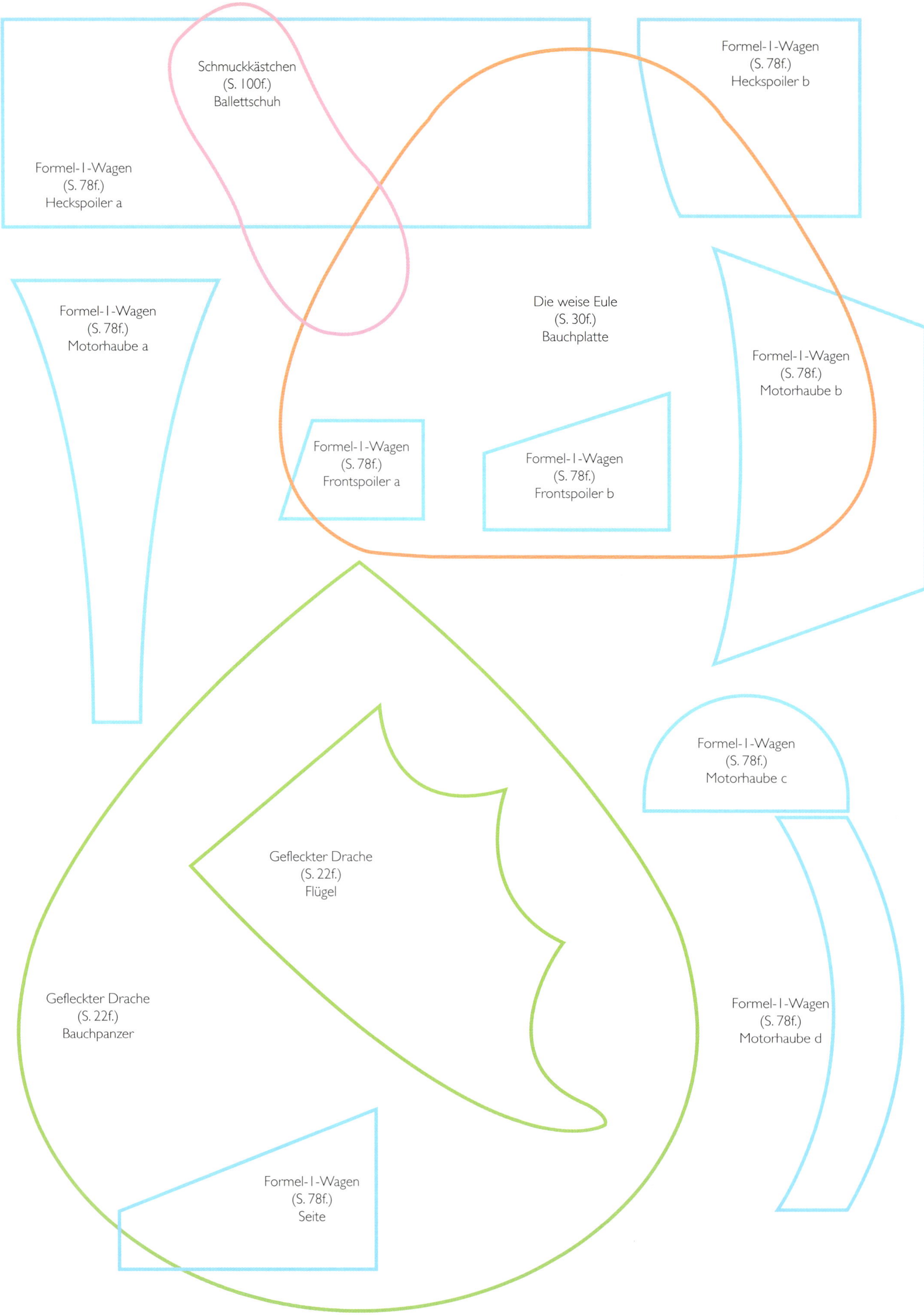
Schmuckkästchen
(S. 100f.)
Ballettschuh
Formel-1-Wagen
(S. 78f.)
Heckspoiler a
Formel-1-Wagen
(S. 78f.)
Heckspoiler b
Formel-1-Wagen
(S. 78f.)
Motorhaube a
Die weise Eule
(S. 30f.)
Bauchplatte
Formel-1-Wagen
(S. 78f.)
Motorhaube b
Formel-1-Wagen
(S. 78f.)
Frontspoiler a
Formel-1-Wagen
(S. 78f.)
Frontspoiler b
Formel-1-Wagen
(S. 78f.)
Motorhaube c
Gefleckter Drache
(S. 22f.)
Flügel
Gefleckter Drache
(S. 22f.)
Bauchpanzer
Formel-1-Wagen
(S. 78f.)
Motorhaube d
Formel-1-Wagen
(S. 78f.)
Seite

Widmung

Für Lewis, Laura, Shaun, Daniel, Sarah, Rhys, David und Craig

Bezugsquellen

Wie schon im Vorwort erwähnt, erhalten Sie die Zutaten für unsere Trendtorten nicht in jedem Supermarkt. Weißer Rollfondant und ein Grundsortiment an Lebensmittelfarben finden sich zwar in jedem gut sortierten Backregal, aber das für anspruchsvolle Konditorkunst erforderliche Sortiment an Farben in den unterschiedlichsten Tönen, als Flüssigfarbe, Gelee, Kristallpulver oder Faserstift, dazu fertig durchgefärbte Fondants in vielen Farbtönen, das alles bekommen Sie nur im Fachhandel für Konditoreibedarf. Das Gleiche gilt auch für Spezialwerkzeug. Denn auch wenn sich Autorin und Verlag auf das Notwendigste beschränkt haben – um den Kauf eines Glätters, eines Marzipankneifers und einiger Ausstechformen – möglichst mit Auswerfer – werden Sie ebenso wenig herumkommen wie um die Anschaffung eines guten Ausrollstabs, weil die üblichen Nudelhölzer für unsere Zwecke einfach zu dick, zu schwer und zu unhandlich sind.

Ähnlich verhält es sich mit den Zutaten, wenn Sie Fondant selbst herstellen wollen. Alle in diesem Buch beschriebenen Rezepte lassen sich mit handelsüblichem Fondant realisieren. Dieser ist jedoch nicht billig. Für selbst gemachten Fondant benötigen Sie Glukosesirup. Das ist ein industriell produzierter Süßstoff, der im Gegensatz zum Rübenzucker nicht kristallisiert und nicht mit der Traubenzuckerglukose aus der Apotheke verwechselt werden darf. Dieser praktisch nur gewerblich verarbeitete Stoff ist in haushaltsüblichen Mengen nicht leicht – und wenn, dann nicht allzu günstig – zu bekommen. Vielleicht wird Ihnen Ihr Bäcker/Konditor für wenig Geld die Menge abfüllen, die Sie gerade benötigen. Das Gleiche gilt für Trockeneiweiß, das aus hygienischen Gründen bei der Zubereitung von Fondants und Zuckergüssen eine gute Alternative zur Frischware darstellt.

Fachgeschäfte für Konditoreibedarf finden Sie im Branchenverzeichnis. Beim Einkauf über das Internet, für viele sicher die bequemste Alternative, sollten Sie die folgenden Websites besuchen: *www.backfun.de*; *www.tortissimo.de*; *www.kurtsiegfried.de*; *www.ruth-online.de*, wobei die beiden Letztgenannten eher auf den gewerblichen Kunden zielen.

Titel der Originalausgabe
50 Easy Party Cakes
Zuerst veröffentlicht 1999 in Großbritannien
von Merehurst Ltd.,
an imprint of Murdoch Books UK

Aktualisierte Neuausgabe

Übertragung ins Deutsche:
Manuel Kraus, Michael Holtmann
Überarbeitung der vorliegenden Ausgabe:
VerlagsService Dr. Helmut Neuberger
& Karl Schaumann GmbH, Heimstetten
Umschlaggestaltung: Atelier Lehmacher,
Friedberg (Bay.)
Fotos: Clive Streeter
Gesamtherstellung: Neografia,
a.s. printing house, Martin
Printed in the EU

ISBN 978-3-8289-1269-4

Register